新 スラスラ
일본어
작문 2

손정숙 · 이현진 공저

제이앤씨
Publishing Company

외국어 학습의 최고의 즐거움은 그 나라 사람과의 교류에 있으며 교류를 위해서는 그 나라 언어로 말하기, 듣기, 읽기, 쓰기 능력이 필요합니다. 개인적인 교류뿐만 아니라 비즈니스 업무에서 팩스나 이메일을 비롯한 문자의 활용이 생활화되어 있으며 최근에는 소셜 네트워크를 통하여 자신을 알리거나 정보를 공유하는 소통의 장이 확대되고 있습니다. 이러한 소통 방법의 다양화는 회화능력에 못지않은 작문 능력을 요구하게 됩니다. 작문은 네 가지 언어 능력 중에서도 가장 많은 시간과 훈련을 필요로 하는 것으로 직접 문장을 작성해 보는 훈련과정이 가장 중요하다고 생각합니다.

본 교재는 다양한 형태의 교류와 비즈니스 업무에서 자연스럽고 정확하게 의사전달을 할 수 있는 고급 수준의 작문 실력에 필요한 기초 능력을 기르기 위한 학습서로서 초급 학습자 및 기본문법을 이해하고 있는 학습자를 대상으로 일본어의 기본문장을 비롯하여 자연스런 일본어 문장을 익힐 수 있도록 문장 쓰기 훈련에 중점을 두었습니다.

우선 기본문형과 모델문장을 제시하여 학습목표를 확인하고, 단어를 연결하여 문장 만들기, 틀린 곳 고치기, 알맞은 말 써넣기, 한국어 단문을 일본어로 쓰기 등으로 다양한 형태의 문제로 반복 학습하는 과정을 통하여 자연스럽게 문형과 문법내용을 익혀갈 수 있도록 하였습니다. 또한 각 과에 필요한 보충어휘 및 문법내용과 표현의 뉘앙스 차이에 대하여 자세하게 설명하여 스스로 학습할 수 있도록 하였습니다.

아무쪼록 본 교재를 통하여 일본어 학습자 여러분 모두가 작문 실력의 초석을 다질 수 있길 바랍니다. 마지막으로 본 교재 출판을 위해 수고해 주신 제이앤씨 출판사의 관계자 여러분께 진심으로 감사드립니다.

2018. 6.

저자 일동

新 スラスラ
일본어
작문 2

01 レポートは 明日 出しても いいです

Check Point 허가표현, 금지표현, 의무표현

허가표현

→ V(て형) ても いいです / かまいません

: ~(해)도 좋습니다, ~(해)도 괜찮습니다. [허가]

・ レポートは 明日 出しても いいです。 리포트는 내일 내도 괜찮습니다.

→ V(ない형) なくても いいです : ~하지 않아도 됩니다

・ 幼稚園児は 切符を 買わなくても いいです。

유치원생은 표를 사지 않아도 됩니다.

금지표현

→ V(て형) **ては いけません / だめです** : ~해서는 안 됩니다 [금지]

- 屋内で たばこを 吸っ**ては いけません**。 실내에서 담배를 피우면 안 됩니다.

의무표현

→ V(ない형) **なければ なりません / いけません**

: ~하지 않으면 안 됩니다, ~해야 합니다 [의무]

- 室内では 帽子を 脱が**なければ なりません**。 실내에서는 모자를 벗어야 합니다.

「なければ なりません」과「なければ いけせん」			
명사	동사	い형용사	な형용사
学生で	会わ	おいしく	きれいで
+ なければ なりません、なければ いけません なくては なりません、なくては いけません			

 대체적으로 「~なければ なりません」은 객관적이며 일반적인 의무를, 「~なければ いけません」은 주관적인 일에 대한 의무를 말할 때 사용한다.

1. 다음 예와 같이 일본어 문장을 만드세요.

> 예 この椅子(いす)、座(すわ)る → この椅子(いす)に 座(すわ)っても いいです。
>
> 이 의자에 앉아도 됩니다

❶ ここで、写真(しゃしん)、とる ➡ _____

여기에서 사진을 찍어도 됩니다.

❷ 少(すこ)し、遅(おく)れる ➡ _____

조금 늦어도 됩니다.

❸ 先(さき)、帰(かえ)る ➡ _____

먼저 돌아가도 됩니다.

2. 다음 예와 같이 일본어 문장을 만드세요.

> 예 デジカメ、買(か)う → デジカメは 買(か)わなくても いいです。
>
> 디지털 카메라는 사지 않아도 됩니다.

❶ 明日(あした)、学校(がっこう)、来(く)る ➡ _____

내일은 학교에 오지 않아도 됩니다.

❷ 住所(じゅうしょ)、書(か)く ➡ _____

주소는 쓰지 않아도 됩니다.

❸ 料理(りょうり)、得意(とくい)だ ➡ _____

요리는 잘 못해도 됩니다.

ことば			
	椅子(いす) 의자	座(すわ)る 앉다	写真(しゃしん)をとる 사진을 찍다
	遅(おく)れる 늦어지다	帰(かえ)る 돌아가다	デジカメ 디지털카메라
	買(か)う 사다	学校(がっこう) 학교	来(く)る 오다
	住所(じゅうしょ) 주소	書(か)く 쓰다	料理(りょうり) 요리
	得意(とくい)だ 잘하다, 능숙하다		

3. 다음 예와 같이 일본어 문장을 만드세요.

> **예** お酒、飲む、運転する → お酒を 飲んで 運転しては いけません。
>
> 술을 마시고 운전하면 안됩니다.

❶ 授業中、スマホ、使う → _____

　　　_____
　　　수업 중에 스마트폰을 사용해서는 안됩니다.

❷ 芝生、入る 　　→ _____

　　　_____
　　　잔디에 들어가면 안 됩니다.

❸ 教室、ゴミ、捨てる → _____

　　　_____
　　　교실에 쓰레기를 버리면 안 됩니다.

4. 다음 예와 같이 일본어 문장을 만드세요.

> **예** 漢字、覚える → 漢字を 覚えなければ なりません
>
> 한자를 외워야 합니다.

❶ 今日、レポート、出す → _____

　　　_____
　　　오늘까지 리포트를 제출해야 합니다.

❷ パスポート、見せる 　→ _____

　　　_____
　　　여권을 보여줘야 합니다.

❸ 店員、親切だ 　　　→ _____

　　　_____
　　　점원은 친절해야 합니다.

ことば	お酒(さけ) 술	飲(の)む 마시다	運転する(うんてん)する 운전하다
	スマホ 스마트폰	使(つか)う 사용하다	芝生(しばふ) 잔디밭
	入(はい)る 들어가다	教室(きょうしつ) 교실	ゴミ 쓰레기
	捨(す)てる 버리다	漢字(かんじ) 한자	覚(おぼ)える 외우다
	レポート 레포트	出(だ)す 내다, 제출하다	パスポート 여권
	見(み)せる 보여주다	店員(てんいん) 점원	親切(しんせつ)だ 친절하다
	授業中(じゅぎょうちゅう) 수업 중		

5. 주어진 동사를 적당한 형태로 바꾸어 써 넣으세요.

❶ それ、自由に＿＿＿＿＿＿ても いいですよ。 [기본형] 使う

그거 자유롭게 사용해도 됩니다.

❷ 危ないから、道路で＿＿＿＿＿では いけません。 [기본형] 遊ぶ

위험하니까 도로에서 놀면 안 됩니다.

❸ 卒業の ために 論文を＿＿＿＿＿なければ なりません。 [기본형] 書く

졸업을 위해 논문을 써야 합니다.

❹ 風邪気味だから、薬を＿＿＿＿＿なければ なりません。 [기본형] 飲む

감기 기운이 있기 때문에 약을 먹어야 한다.

❺ 明日は 学校に＿＿＿＿＿なくても いいです。 [기본형] 行く

내일은 학교에 가지 않아도 괜찮습니다.

ことば	自由(じゆう)だ 자유롭다	危(あぶ)ない 위험하다	道路(どうろ) 도로
	遊(あそ)ぶ 놀다	卒業(そつぎょう) 졸업	論文(ろんぶん) 논문
	風邪気味(かぜぎみ) 감기기운	薬(くすり)を飲(の)む 약을 먹다	

6. 일본어로 작문하세요.

❶ 그 사람을 만나도 괜찮습니까. (あの人、会う)

→ _____

❷ 지도는 메일로 보내도 괜찮습니다. (地図、メール、送る)

→ _____

❸ 부모는 자식을 위해서라면 자신은 죽어도 좋다고 생각한다.
(親、子どもの ためなら、自分、死ぬ)

→ _____

❹ 시내 도로에서 속도는 60킬로를 넘어서는 안 됩니다. (市内、速度、超える)

→ _____

❺ 배가 부르면 먹지 않아도 괜찮습니다. (お腹、いっぱいなら、食べる)

→ _____

❻ 다섯 시에는 출발해야 합니다. (五時、出発)

→ _____

❼ 전화를 하면서 운전하면 안 됩니다. (電話する、運転する)

→ _____

❽ 식욕이 없더라도 식사는 제대로 해야 합니다. (食欲、食事、ちゃんと、とる)

→ _____

ことば	会(あ)う 만나다	地図(ちず) 지도	メール 메일	送(おく)る 보내다
	親(おや) 부모	子(こ)ども 자식	自分(じぶん) 자신	死(し)ぬ 죽다
	市内(しない) 시내	速度(そくど) 속도	越(こ)える 넘다	お腹(なか) 배(신체)
	食(た)べる 먹다	出発(しゅっぱつ) 출발	電話(でんわ)する 전화하다	
	食欲(しょくよく) 식욕	食事(しょくじ)を とる 식사를 하다		

教室の 窓は 開いて います

 Check Point 동작의 진행과 결과상태

타동사 VS 자동사

(〜が) 자동사		(〜を) 타동사	
開く	열리다	**開ける**	열다
閉まる	닫히다	**閉める**	닫다
入る	들어가다	**入れる**	넣다
つく	켜다, 붙다	**つける**	켜지다, 붙이다
かかる	걸리다	**かける**	걸다
壊れる	부서지다	**壊す**	부수다

 일본어 동사는 목적어(대상)을 취하지 않는 '자동사'와 취하는 '타동사'로 분류되며, 다음과 같은 특징을 갖는다.

1. (일반적으로) 자동사는 '을'를 필요로 하지 않고 타동사는 '을'를 필요로 한다.
   예) 窓が 開く (문이 열리다 – 자동사)   窓を 開ける (문을 열다 – 타동사)

2. 자동사 문장은 동작을 받는 대상에, 타동사 문장은 동작을 하는 사람에 주목하며, 이 때문에 '결과의 상태'를 나타내는 표현 (자동사)＋ている, (타동사)＋てある에는 의미의 차이가 생긴다. (p.19 참조)

(자동사)て いる

➡ [자동사(て형)] **て いる** : ~고 있다 [동작의 진행]

・ 子どもが 泣いて **います**。 아이가 울고 있습니다.

・ 雨が 降って **います**。 비가 오고 있습니다.

 자동사 '동작의 진행'에는 일정 시간 동안 움직임이 계속되는 '계속동사'만 사용

➡ [자동사(て형)] **て いる** : ~어 있다 [결과의 상태]

・ ドアが 開いて **います**。 문이 열려 있습니다.

・ 電気が ついて **います**。 불이 켜 있습니다.

(타동사)て いる / て ある

➡ [타동사(て형)] **て いる** : ~고 있다 [동작의 진행]

・ ドアを 開けて **います**。 문을 열고 있습니다.

・ 田中さんは 今 音楽を 聞いて **います**。 다나카씨는 지금 음악을 듣고 있습니다.

➡ [타동사(て형)] **て ある** : ~어 있다 [결과의 상태]

・ ドアが 開いて **あります**。 문이 열려져 있습니다.

・ 電気が ついて **あります**。 불이 켜져 있습니다.

🔍 (자동사)て いる VS (타동사)て ある

・<ruby>教室<rt>きょうしつ</rt></ruby>の <ruby>窓<rt>まど</rt></ruby>が **<ruby>開<rt>あ</rt></ruby>いて います**。 (<ruby>開<rt>あ</rt></ruby>く - 자동사)

교실 창문이 열려 있습니다.

・うるさくて <ruby>小田<rt>お だ</rt></ruby>さんが <ruby>教室<rt>きょうしつ</rt></ruby>の <ruby>窓<rt>まど</rt></ruby>を **<ruby>閉<rt>し</rt></ruby>めて います**。 (<ruby>閉<rt>し</rt></ruby>める - 타동사)

시끄러워서 오다상이 교실 창문을 닫고 있습니다.

・それで、<ruby>今<rt>いま</rt></ruby>は <ruby>教室<rt>きょうしつ</rt></ruby>の <ruby>窓<rt>まど</rt></ruby>が **<ruby>閉<rt>し</rt></ruby>めて あります**。 (<ruby>閉<rt>し</rt></ruby>める - 타동사)

그래서 지금은 교실 창문이 닫혀 있습니다.

1. 다음 예와 같이 일본어 문장을 만드세요. [자동사 – 결과상태]

> **예** 会議室、鍵、かかる → 会議室の 鍵が かかっ**て います**。
> 회의실 열쇠가 잠겨 있습니다.

❶ この 自転車、壊れる → _____

이 자전거는 고장 나 있습니다.

❷ クーラー、つく → _____

에어컨이 켜져 있습니다.

❸ 服、キムチの 汁、つく → _____

옷에 김치 국물이 묻어 있습니다.

2. 다음 예와 같이 일본어 문장을 만드세요. [동작의 진행]

> **예** 高橋さん、運動場、走る。 → 高橋さん**は** 今 運動場**を** 走っ**て います**。
> 다카하시씨는 지금 운동장을 달리고 있습니다.

❶ 先生、レポート、読む → _____

선생님은 리포트를 읽고 있습니다.

❷ 昨日、雪、降る → _____

어제부터 눈이 오고 있습니다.

❸ 古田、毎朝、ジョギング → _____

후루타씨는 매일 아침 조깅을 하고 있습니다.

| ことば | 会議室(かいぎしつ) 회의실
クーラー 에어컨
キムチ 김치
走(はし)る 달리다
雪(ゆき) 눈
ジョギング 조깅 | 鍵(かぎ) 열쇠
服(ふく) 옷
汁(しる) 국(물), 장국
先生(せんせい) 선생님
降(ふ)る 내리다 | 自転車(じてんしゃ) 자전거
壊(こわ)れる 부서지다, 고장나다
運動場(うんどうじょう) 운동장
読(よ)む 읽다
毎朝(まいあさ) 매일아침 |

3. 다음 예와 같이 일본어 문장을 만드세요. [타동사→결과상태]

> **예** 部屋(へや)、花(はな)、飾(かざ)る → 部屋(へや)に 花(はな)**が** 飾(かざ)**って** あります。
> 방에 꽃이 장식되어 있습니다.

❶ 電信柱(でんしんばしら)、チラシ、貼(は)る → _____

전신주에 전단지가 붙어 있습니다.

❷ 引(ひ)き出(だ)し、中(なか)、片付(かたづ)ける → _____

서랍 안이 정리되어 있습니다.

❸ 冷蔵庫(れいぞうこ)、ビール、入(い)れる → _____

냉장고에 맥주가 들어 있습니다.

4. 다음 밑줄 친 부분을 바르게 고쳐보세요.

❶ 誰(だれ)か 来(き)たらしく ドアが <u>開(あ)いて</u> <u>ありました</u> → _____

누군가 왔었던 듯 문이 **열려 있었습니다.**

❷ 公園(こうえん)には きれいな 花(はな)が <u>咲(さ)いて</u> <u>あります</u>。 → _____

공원에는 예쁜 꽃이 **피어 있습니다.**

ことば			
	部屋(へや) 방	花(はな) 꽃	飾(かざ)る 장식하다
	電信柱(でんしんばしら) 전신주	チラシ 전단지	貼(は)る 붙이다
	引(ひ)き出(だ)し 서랍	中(なか) 안	片付(かたづ)ける 정리하다
	ビール 맥주	冷蔵庫(れいぞうこ) 냉장고	入(い)れる 넣다
	ドア 문	開(あ)く 열리다	公園(こうえん) 공원
	咲(さ)く (꽃 등이) 피다		

❸ ゲームセンターには まだ 電気が <u>つけて</u> います。 → _____

게임 센터에는 아직 불이 **켜져** 있습니다.

❹ 駐車場に 車<u>を</u> 止めて あります。　　→ _____

주차장에 차가 세워져 있습니다.

❺ 鳥が 空<u>へ</u> 飛んで います。　　　　→ _____

새가 하늘을 날고 있습니다.

5. 일본어로 작문하세요.

❶ 아이들이 운동장에서 농구를 하고 있습니다.
(子どもたち、運動場、バスケットボール)

→ _____

❷ 전형적인 에키벤은 여러 가지 반찬이 들어 있는 '마쿠노우치 벤토'입니다.
(典型的な、駅弁、おかず、入る、幕の内弁当)

→ _____

❸ 저금통 안에 돈이 가득 들어 있습니다. (貯金箱、お金、いっぱい、入る)

→ _____

ことば	ゲームセンター 게임센터	電気(でんき) 전기, 불	車(くるま) 차
	駐車場(ちゅうしゃじょう) 주차장	止(と)める 세우다	鳥(とり) 새
	空(そら) 하늘	飛(と)ぶ 날다	バスケットボール 농구
	典型的(てんけいてき)だ 전형적이다	貯金箱(ちょきんばこ) 저금통	お金(おかね) 돈

❹ 오가와씨는 갈색셔츠를 입고 있습니다. (小川 、茶色、シャツ、着る)

    → _____

❺ A: 오오에씨는 뭘 하고 있습니까. B: 벽에 포스터를 붙이고 있습니다.
   (大江、何、する、ポスター、壁、貼る)

    → _____

❻ 검정색 양복을 입고 있는 분이 이 사건의 담당변호사입니다.
   (黒い、スーツ、着る、事件、担当弁護士)

    → _____

❼ 횡단보도 앞에 차가 멈춰 있습니다. (横断歩道、車、止まる)

    → _____

❽ 연구실 문에 「출입금지」라고 적혀 있습니다.
   (研究室、ドア、立ち入り禁止、書く)

    → _____

ことば			
	茶色(ちゃいろ) 갈색	シャツ 셔츠	着(き)る 입다
	ポスター 포스터	壁(かべ) 벽	黒(くろ)い 검다
	スーツ 정장	事件(じけん) 사건	担当弁護士(たんとうべんごし) 담당변호사
	止(と)まる 멈추다	横断歩道(おうだんほどう) 횡단보도	
	研究室(けんきゅうしつ) 연구실	立(た)ち入(い)り禁止(きんし) 출입금지	

MEMO

03 モノレールに 乗った ことが ありますか

 경험표현, 조언표현, 조건표현1(たら、 なら)

경험표현

→ V(た형) た ことが ある   : ~한 적이 있다   [경험]

· A: モノレールに 乗った ことが ありますか。 모노레일을 탄 적이 있습니까?

   B: いいえ、 まだ ありません。   아니요, 아직 없습니다.

조언표현

→ V(た형) た ほうが いい   : ~하는 것이 좋다   [조언]

· 野菜を たくさん 食べた ほうが いいです。   야채를 많이 먹는 게 좋습니다.

→ V(ない형) ない ほうが いい   : ~하지 않는 것이 좋다

· 危ないから バイクに 乗らない ほうが いいです。

                    위험하니까 오토바이를 타지 않는 게 좋습니다.

조건표현1(たら、なら)

	たら	**なら**
명사	暇だっ**たら**	暇**なら**
な형용사	元気だっ**たら**	元気**なら**
い형용사	おいしかっ**たら**	おいしい**なら**
동사	行っ**たら**	行く**なら**

→ たら

• (もし) 宝くじに 当たっ**たら** 家を 買いたいです。 [가정조건]

　　　　　　　　(만약) 복권에 당첨되면 집을 사고 싶습니다.

• 夏休みに なっ**たら**、国に 帰ります。 [확정조건]

　　　　　　　　여름방학이 되면 고향에 돌아갈 겁니다.

• 朝 起き**たら**、雪が 積もって いました。 [발견]

　　　　　　　　아침에 일어났더니 눈이 쌓여 있었습니다.

 「～たら」는 일반 조건(필연적 조건)보다는 개별적, 1회적 가정조건에 주로 사용되며, 문 말에 희망, 의지, 의뢰, 권유, 명령 등의 표현을 사용할 수 있다.

→ **なら**

- 明日 雨**なら**、キャンプは 中止します。　　　　　　　　　[가정조건]
  <ruby>明<rt>あした</rt></ruby> <ruby>雨<rt>あめ</rt></ruby> <ruby>中止<rt>ちゅうし</rt></ruby>

  내일 비가 오면 캠프는 중지합니다.

- キムチが 嫌い**なら**、 食べなくても いいです。
  <ruby>嫌<rt>きら</rt></ruby> <ruby>食<rt>た</rt></ruby>

  김치가 싫으면 먹지 않아도 됩니다.

- A: 北海道に 行きたいです。　홋카이도에 가고 싶어요.
  <ruby>北海道<rt>ほっかいどう</rt></ruby> <ruby>行<rt>い</rt></ruby>

- B: 北海道に 行く**なら**、6月が いいです。　　　　　[조언, 의견]
  <ruby>北海道<rt>ほっかいどう</rt></ruby> <ruby>行<rt>い</rt></ruby> <ruby>月<rt>がつ</rt></ruby>

  홋카이도에 간다면 6월이 좋습니다.

 「~なら」는 상대방의 말을 받아 조언, 의견, 판단 등을 말할 때 주로 사용된다.

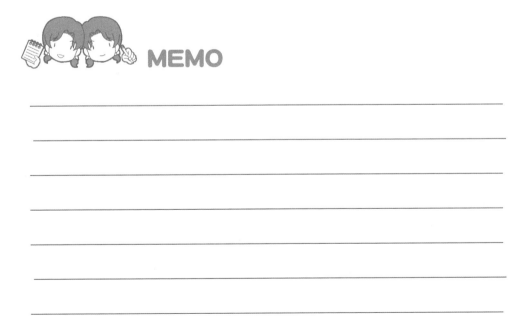

MEMO

1. 다음 예와 같이 일본어 문장을 만드세요.

> **예** 大阪、行く→ 大阪に 行っ**た ことが あります**。
> 오사카에 간 적이 있습니다.

❶ お好み焼き、食べる　→ _____

　　오코노미야키를 먹어 본 적이 있습니다.

❷ 芸能人、会う　→ _____

　　연예인을 만난 적이 있습니다.

❸ 友だち、3時間も、待つ → _____

　　친구를 3시간이나 기다린 적이 있습니다.

2. 다음 예와 같이 일본어 문장을 만드세요.

> **예** 靴、脱ぐ
> → (日本人の 家に 上がる ときは) 靴を 脱い**だ ほうが いいです**。
> (일본인 집에 들어갈 때에는) 구두를 벗는 게 좋습니다.

❶ 週末、休む　→ _____

　　주말은 쉬는 게 좋습니다.

❷ 早く、医者に 行く　→ _____

　　빨리 의사에게 가는 게 좋습니다.

❸ すぐに、先生、相談する → _____

　　곧바로 선생님께 상담하는 게 좋습니다.

ことば	お好(この)み焼(や)き 오코노미야키　　芸能人(げいのうじん) 연예인　　友(とも)だち 친구
	靴(くつ) 구두　　脱(ぬ)ぐ 벗다　　週末(しゅうまつ) 주말　　休(やす)む 쉬다
	早(はや)い 빠르다　医者(いしゃ) 의사　　相談(そうだん)する 상담하다

3. 다음 예와 같이 일본어 문장을 만드세요.

> **예** たばこ、吸う → (健康のため) たばこを 吸わ**ない ほうが いいです。**
> (건강을 위해) 담배를 피우지 않는 게 좋습니다.

❶ 寝る、何も、食べる → _____

자기 전에는 아무 것도 먹지 않는 게 좋습니다.

❷ 雨の日、外、遊ぶ → _____

비가 오는 날은 밖에서 놀지 않는 게 좋습니다.

❸ その カフェ、子ども、連れて いく

→ _____

그 카페에는 아이를 데리고 가지 않는 게 좋습니다.

4. 다음 예와 같이 일본어 문장을 만드세요.

> **예** 明日、雨、降る、出かける → 明日 雨が 降っ**たら**、出かけません。
> 내일 비가 오면 외출하지 않을 겁니다.

❶ 宝くじ、当たる、世界一週、したい

→ _____

복권에 당첨되면 세계 일주를 하고 싶습니다.

❷ 暑い、窓、開ける → _____

더우면 창문을 여세요.

❸ 駅、着く、電話する → _____

역에 도착하면 전화하세요.

ことば	健康(けんこう) 건강	吸(す)う 흡입하다, 피우다	寝(ね)る 자다	外(そと) 밖
	カフェ 카페	出(で)かける 외출하다	当(あ)たる 당첨되다	暑(あつ)い 덥다
	窓(まど) 창문	開(あ)ける 열다	駅(えき) 역	着(つ)く 도착하다

5. 다음 예와 같이 일본어 문장을 만드세요.

> **예** 結婚する、料理、上手、人、いい
>
> → 結婚する**なら**、料理が 上手な 人が いいです。
>
> 결혼한다면 요리 잘 하는 사람이 좋습니다.

❶ あなた、きっと、できる

→ _____

당신이라면 반드시 할 수 있습니다.

❷ ケーキ、駅の前、ケーキ屋、一番、おいしい

→ _____

케이크라면 역 앞 케이크집이 제일 맛있어요.

❸ あなた、行く、私、一緒に

→ _____

당신이 간다면 나도 함께 가겠습니다.

ことば	結婚(けっこん)する 결혼하다　　上手(じょうず)だ 잘한다, 능숙하다　　ケーキ 케이크
	一番(いちばん) 가장　　　　　一緒(いっしょ)に 함께

6. 일본어로 작문하세요.

❶ 안 좋은 일은 빨리 잊어버리는 것이 좋아. (いやだ、早(はや)い、忘(わす)れる)

➜ _____

❷ 살사댄스를 배운 적이 있습니다. (サルサダンス、習(なら)う)

➜ _____

❸ 무책임한 말은 하지 않는 게 좋습니다. (いい加減(かげん)なこと、言(い)う)

➜ _____

❹ 다카라즈카 뮤지컬을 본 적 있습니까. (宝塚(たからづか)、ミュージカル)

➜ _____

❺ 어린아이에게는 스마트폰을 갖게 하지 않는 게 좋아요.

(子(こ)ども、スマホ、持(も)たせる)

➜ _____

❻ 일본인과 채팅해 본 적이 있습니까? (日本人(にほんじん)、チャットする)

➜ _____

❼ 애완용 동물을 기른다면 개가 좋습니다. (ペット、飼(か)う、犬(いぬ))

➜ _____

❽ 간단히 먹는다면 햄버거가 좋습니다. (簡単(かんたん)だ、ハンバーガー)

➜ _____

ことば	忘(わす)れる 잊다　　習(なら)う 배우다　　言(い)う 말하다　ミュージカル 뮤지컬
	チャットする 채팅하다　ペット 애완동물　　飼(か)う 기르다　犬(いぬ) 개
	簡単(かんたん)だ 간단하다　ハンバーガー 햄버거

04 秋に なると 落ち葉が 散ります

 조건표현2 (と、ば)

조건표현2

	と	**ば**	
명사	暇だと	暇なら(ば)	
な형용사	元気だと	元気なら(ば)	
い형용사	おいしいと	おいしければ	
동사	行くと	(1그룹) 行く(ku)	→ 行け(ke)ば
		(2그룹) 食べる	→ 食べれば
		(3그룹) する	→ すれば
		くる	→ くれば

→ と

- 春に なると、桜が きれいに 咲きます。 [일반조건]

  봄이 되면 벚꽃이 예쁘게 핍니다.

- 右に 曲がると、郵便局が あります。

  오른쪽으로 돌면 우체국이 있습니다.

- 彼は お金が あると、すぐに 使って しまいます。 [습관]

  그는 돈이 있으면 금방 써 버립니다.

- 朝 起きると 雪が 積もって いた。 [발견]

  아침에 일어났더니 눈이 쌓여 있었다.

 「～と」는 주로 일반조건(필연적으로 성립하는 일, 기계 사용방법, 길안내 등의 표현)에 사용되며, 문말에 희망, 의지, 의뢰, 권유, 명령 등의 표현을 사용할 수 없다.

- 春に なると 花見に 行きたいです。 (✕)
- 春に なったら 花見に 行きたいです。 (◯) 봄이 되면 꽃구경 가고 싶습니다(희망).

→ ば

- その ボタンを 押^おせ**ば** ドアが 開^あきます。　　　　　　　[일반조건]

　　　　　　　그 버튼을 누르면 문이 열립니다.

- 天気^{てんき}が よけれ**ば**、ジョギングに 行^いきます。　　　　　[습관]

　　　　　　　날씨가 좋으면 조깅하러 갑니다.

- ゆっくり 話^{はな}せ**ば**、わかります。　　　　　　　　　[가정조건]

　　　　　　　천천히 이야기하면 알아들을 수 있습니다.

- もっと 勉強^{べんきょう}すれ**ば** よかったのに。　　　　　　　[반대사실]

　　　　　　　좀 더 열심히 공부하면 좋았을텐데.

 「~ば」는 일반조건, 가정조건 모두 사용되며 ~가 동작동사일 경우에는 문말에 희망, 의지, 의뢰, 권유, 명령 등의 표현을 사용할 수 없다. (~가 상태동사, 형용사이거나 앞문장과 뒷문장의 주어가 다를 때는 사용가능)

- 北海道^{ほっかいどう}に 行^いけば(동작동사) ラーメンが 食^たべたいです。　　　（Ⅹ）

　　홋카이도에 가면 라면을 먹고 싶습니다(희망).

- 安^{やす}ければ(형용사)、買^かいたいです。　　　　　　　（○）

　　싸다면 사고 싶습니다(희망).

🔍 조건표현 총정리

조건	と	ば	たら
일반 조건	春に なると 桜が 咲く　　　　(○)	春に なれば 桜が 咲く　　　　(○)	春に なったら 桜が 咲く　　　　(X)
가정 조건	宝くじに 当たると 家を 買う　　　　(X)	宝くじに 当たれば 家を 買う　　　　(○)	宝くじに 当たったら 家を 買う　　　　(○)
발견	朝 起きると 雪が 積もって いた 　　　　(○)	朝 起きれば 雪が 積もって いた 　　　　(X)	朝 起きたら 雪が 積もって いた 　　　　(○)
문말에 주관적 표현	駅に 着くと 連絡して ください 　　　　(X)	駅に 着けば 連絡して ください 　　　　(X)	駅に 着いたら 連絡して ください 　　　　(○)

MEMO

1. 다음의 명사, 동사, い형용사, な형용사를 「と、ば、たら、なら」와 연결하세요.

		と	ば	たら	なら
(1) 명사	元気（げんき）	元気だと	元気ならば	元気だったら	元気なら
	病気（びょうき）				
	休（やす）み				
(2) な형용사	上手（じょうず）だ	上手だと	上手ならば	上手だったら	上手なら
	静（しず）かだ				
	便利（べんり）だ				
(3) い형용사	高（たか）い	高いと	高ければ	高かったら	高いなら
	楽（たの）しい				
	いい				
(4) 동사	泳（およ）ぐ	泳ぐと	泳げば	泳いだら	泳ぐなら
	行（い）く				
	飲（の）む				
	食（た）べる				
	する				
	来（く）る				

2. 다음 예와 같이 일본어 문장을 만드세요.

> 예 年（とし）、取（と）る、体（からだ）、弱（よわ）い、なる → 年（とし）を <u>取（と）る**と**</u>、体（からだ）が 弱（よわ）く なります。
> 나이를 먹으면 몸이 약해집니다.

❶ お盆（ぼん）、なる、帰省（きせい）ラッシュ、始（はじ）まる

➜ ＿＿＿＿＿＿＿＿＿＿＿＿＿＿＿＿＿＿＿＿＿＿＿

추석이 되면 귀성러시가 시작됩니다.

❷ ボタン、押（お）す、おつり、出（で）る

➜ ＿＿＿＿＿＿＿＿＿＿＿＿＿＿＿＿＿＿＿＿＿＿＿

버튼을 누르면 거스름돈이 나옵니다.

❸ 写真（しゃしん）、クリックする、大（おお）きい、見（み）られる

➜ ＿＿＿＿＿＿＿＿＿＿＿＿＿＿＿＿＿＿＿＿＿＿＿

사진을 클릭하면 크게 볼 수 있습니다.

| ことば | 年(とし)を取(と)る 나이를 먹다
帰省(きせい)ラッシュ 귀성러시
ボタン 버튼
クリックする 클릭하다 | 体(からだ) 몸, 신체
お盆(ぼん) 추석
押(お)す 누르다
大(おお)きい 크다 | 弱(よわ)い 약하다
始(はじ)まる 시작되다
出(で)る 나오다 |

3. 다음 예와 같이 일본어 문장을 만드세요.

> **예** 天気、よい、富士山、見える
>
> → 天気が よければ、富士山が 見えます。
>
> 날씨가 좋으면 후지산이 보입니다.

❶ 甘いもの、ばかり、食べる、太る

→ _____

단 것만 먹으면 살찝니다.

❷ パスポート、ない、外国、行けない

→ _____

여권이 없으면 외국에 갈 수 없습니다.

❸ タクシー、乗る、終電、間に合う

→ _____

택시를 타면 막차시간에 맞춰갈 수 있습니다.

ことば	天気(てんき) 날씨	富士山(ふじさん) 후지산	甘(あま)いもの 단 것
	太(ふと)る 살찌다	外国(がいこく) 외국	タクシー 택시
	乗(の)る 타다	終電(しゅうでん) 막차시간	間(ま)に合(あ)う 시간에 맞추다

4. (   ) 안에서 적당한 말을 고르세요.

❶ 信号が 青に (なると／なったら) 出発しなさい。

신호가 파란색이 되면 출발하세요.

❷ 秋に (なったら／なると) 落ち葉が 散ります。

가을이 되면 낙엽이 흩어집니다.

❸ 家に (帰ったら／帰るなら) 友だちが 来て いました。

집에 돌아갔더니 친구가 와 있었습니다.

❹ ボタンを (押すと／押したら) コーヒーが 出て くる。

버튼을 누르면 커피가 나온다.

❺ こんな 犬を (見つけたら／見つけると) 連絡して ください。

이런 개를 발견하면 연락해주세요.

❻ 北海道へ (行ったら／行けば) 小樽の 毛がにを 食べましょう。

홋카이도에 가면 오타루 털게를 먹읍시다.

❼ ビールを (飲めば／飲んだら) 缶は ゴミばこに 入れましょう。

맥주를 마시면 캔은 휴지통에 넣읍시다.

❽ 桜を(見ると／見るなら)、吉野が いいですよ。

벚꽃을 본다면 요시노가 좋아요.

ことば	信号(しんごう) 신호	青(あお) 파란색	出発(しゅっぱつ) 출발
	秋(あき) 가을	落(お)ち葉(ば) 낙엽	散(ち)る 흩어지다
	コーヒー 커피	連絡(れんらく)する 연락하다	ゴミ箱(ばこ) 쓰레기통
	桜(さくら) 벚꽃		

5. 다음의 일본어로 작문하세요.

❶ 남자 아이는 사춘기가 되면 목소리가 변합니다. (思春期_{ししゅんき}、声_{こえ}、変_かわる)

➡ _____

❷ 안경을 쓰지 않으면 신문을 읽을 수 없습니다. (眼鏡_{めがね}、かける、新聞_{しんぶん}、読_よむ)

➡ _____

❸ 만약 좀 더 큰 사이즈가 있으면 샀을텐데.
(もし、少_{すこ}し、大_{おお}きい、サイズ、ある、買_かう)

➡ _____

❹ 매년 눈이 오면 눈싸움을 하거나 눈사람을 만들기도 합니다.
(雪合戦_{ゆきがっせん}、雪_{ゆき}だるま)

➡ _____

❺ 학생증을 보여주지 않으면 도서관에 못 들어가요.
(学生証_{がくせいしょう}、見_みせる、図書館_{としょかん}、入_{はい}れる)

➡ _____

ことば	思春期(ししゅんき) 사춘기	声(こえ) 목소리	変(か)わる 바뀌다
	眼鏡(めがね) 안경	新聞(しんぶん) 신문	少(すこ)し 조금, 약간
	サイズ 사이즈	雪合戦(ゆきがっせん) 눈싸움	雪(ゆき)だるま 눈사람
	学生証(がくせいしょう) 학생증	図書館(としょかん) 도서관	

❻ 담배만 끊으면 기침은 자연히 낫습니다.

(たばこ、さえ、止める、咳、自然に、治る)

➜ _____

❼ 괜찮으시다면 여기서 좀 기다려 주세요. (よろしい、少々、お待ちください)

➜ _____

❽ 하늘을 올려다보니 UFO가 날고 있었습니다. (空、見上げる、飛ぶ)

➜ _____

| ことば | 咳(せき) 기침 | 自然(しぜん) 자연 | 治(なお)る 낫다 |
| | 少々(しょうしょう) 잠시만 | 見上(みあ)げる 올려보다 | |

05 車の 運転を 習おうと 思います

의지, (자신 / 타인에 의한) 결정표현

의지표현

→ V(의지형)(よ)うと 思う : ~하려고 한다

· 車の 運転を 習おうと 思います。　　　　　자동차 운전을 배우려고 합니다.

동사활용 종류	의지형
1그룹 동사	「-u」　　　　→ 「-o」 + **う** 聞く(ku)　　→ 聞こ(ko) + **う** 飲む(mu)　　→ 飲も(mo) + **う** 走る(ru)　　→ 走ろ(ro) + **う**
2그룹 동사	「る」　　　　→ 「る」 + **よう** 見る　　　　→ 見**よう** 食べる　　　→ 食べ**よう**
3그룹 동사	する　　　　→ **しよう** 来る　　　　→ **来よう**

→ V(사전형 / ない형) **つもりだ** : ~할 생각이다 / ~할 작정이다

· 大学を 卒業したら、就職する **つもりです**。 대학을 졸업하면 취직할 생각이다.

→ V(사전형 / ない형) **ことに する** : ~하기로 하다 [자신의 결정 / 결의]

· 明日 会う **ことに しました**。 내일 만나기로 했습니다.

→ V(사전형 / ない형) **ことに なる** : ~하게 되다 [자신의 의지와 관계없는 결정]

· 発表会は 来月に 延期する **ことに なりました**。

발표회는 다음 달로 연기(하게) 되었습니다

ことに なって いるの 형태로 쓰이면 일상생활의 규칙, 관습, 예정 등의 의미를 나타내게 된다.

· 自転車は 原則的に 車道を 走る **ことに なって います**。

자전거는 원칙적으로 차도를 달리게 되어 있습니다.

1. 다음 예와 같이 일본어 문장을 만드세요.

> **예** 健康診断、受ける → 健康診断を 受け**ようと 思います**。
> 건강검진을 받으려고 합니다.

❶ 体に 悪い、たばこ、止める

➜ _____

　　몸에 안 좋으니까 담배를 끊으려고 합니다.

❷ 約束、ある、今、出かける

➜ _____

　　약속이 있어서 지금 외출하려고 합니다.

❸ ぬいぐるみ、買う

➜ _____

　　인형을 사려고 합니다.

ことば	健康診断(けんこうしんだん) 건강검진　　　　　受(う)ける 받다
	悪(わる)い 나쁘다　　　　　　　　　　　　約束(やくそく) 약속

2. 다음 예와 같이 일본어 문장을 만드세요.

> **예** 引っ越し、日曜日、する
>
> → 引っ越しは 日曜日に <u>する</u> **ことに しました**。
>
> 이사는 일요일에 하기로 했습니다.

❶ もう、一度、試験、受ける

➔ _____

한번 더 시험을 보기로 했습니다.

❷ クリスマス、日帰りドライブ、する

➔ _____

크리스마스에 당일 드라이브를 하기로 했습니다.

❸ パーティー、永井さん、泉さんの ご主人、招く

➔ _____

파티에 나가이씨와 이즈미씨의 남편을 초대하기로 했습니다.

ことば	引っ越し(ひっこし) 이사 日帰(ひがえ)りドライブ 당일 드라이브	試験(しけん)を受(う)ける 시험을 보다 招(まね)く 부르다, 초대하다

3. 다음 예와 같이 일본어 문장을 만드세요.

> **예** 研究会、司会、白川、する
> → 研究会の 司会は 白川さんが <u>する</u> **ことに なりました**。
> 연구회 사회는 시라카와씨가 하게 되었습니다.

❶ 修学旅行、2学期、行く

→ _____

수학여행은 2학기에 가게 되었습니다.

❷ 今年、運動会、行わない

→ _____

올 해 운동회는 시행하지 않게 되었습니다.

❸ 2020年、夏季オリンピック、東京、開く

→ _____

2020년 하계 올림픽은 동경에서 열리게 되었습니다.

ことば	研究会(かんきゅうかい) 연구회	司会(しかい) 사회
	修学旅行(しゅうがくりょこう) 수학여행	2学期(にがっき) 2학기
	運動会(うんどうかい) 운동회	行(おこな)う 행하다, 시행하다
	夏季(かき) 하계	オリンピック 올림픽

4. 다음 밑줄 친 부분을 바르게 고쳐보세요.

❶ 来年 大学院に **入る**と 思います。

→ _____

내년에 대학원에 **들어 가려고** 합니다.

❷ 夏休みに ハワイに **行く**と 思います。

→ _____

여름방학에 하와이에 **가려고** 합니다.

❸ 来年は 海外旅行に **行った** つもりです。

→ _____

내년에는 해외여행을 갈 예정입니다.

❹ これから コンピューターの 勉強を **する**と 思います。

→ _____

이제부터 컴퓨터 공부를 **하려고** 합니다.

❺ もう 悩まず 留学する ことに **なりました**。

→ _____

이제 고민하지 않고 유학하기로 **했습니다**.

ことば	来年(らいねん) 내년 夏休(なつやす)み 여름방학 コンピューター 컴퓨터 留学(りゅうがく) 유학	大学院(だいがくいん) 대학원 海外旅行(かいがいりょこう) 해외여행 悩(なや)む 망설이다, 고민하다

5. 일본어로 작문하세요.

❶ 이번 겨울방학에는 어학연수를 갈 생각입니다.
(今度、冬休み、語学研修に 行く)

→ _____

❷ 부족한 돈은 은행에서 빌리려고 합니다. (足りない、お金、銀行、借りる)

→ _____

❸ 이 계획은 충분한 검토가 필요하리라 생각합니다.
(計画、十分だ、検討、必要だ)

→ _____

❹ 쓰레기는 매주 수요일에 계단 아래에 내놓게 되어 있습니다(규칙).
(ゴミ、毎週の水曜日、階段の下、出す)

→ _____

❺ 큰 짐은 맡기게 되어 있습니다(규칙). (大きい、荷物、預ける)

→ _____

❻ 취직을 한 후에 결혼하려고 합니다. (就職する、結婚する)

→ _____

❼ 다음 달에 오사카로 이사하게 되었습니다. (来月、引っ越す)

→ _____

❽ 어머니에게 김치 담그는 방법을 배우려고 합니다. (キムチ、作る)

→ _____

ことば	語学研修(ごがくけんしゅう) 어학연수	足(た)りる 족하다, 넉넉하다
	銀行(ぎんこう) 은행	借(か)りる 빌리다
	計画(けいかく) 계획	十分(じゅうぶん)だ 충분하다
	検討(けんとう) 검토	必要(ひつよう)だ 필요하다
	毎週(まいしゅう) 매주	階段(かいだん) 계단
	荷物(にもつ) 짐	預(あず)ける 맡기다
	就職(しゅうしょく) 취직	来月(らいげつ) 다음 달
	作(つく)る 만들다	引(ひ)っ越(こ)す 이사하다

06 父から 小遣いを もらいました

Check Point 수수표현

물건의 수수

→ **あげる**   : (내가 남에게 / 남이 남에게) 주다

- 私は 田中さんに 本を あげました。

  나는 다나카씨에게 책을 주었습니다.

- 鈴木さんは 山田さんに 映画の チケットを あげました。

  스즈키씨는 야마다씨에게 영화 티켓을 주었습니다.

→ **くれる** : (남이 나에게) 주다

· 田中^{たなか}さん**は** 私^{わたし}**に** ペン**を** **くれました**。

  다나카씨는 나에게 펜을 주었습니다.

· 田中^{たなか}さん**は** 妹^{いもうと}**に** クッキー**を** **くれました**。

  다나카씨는 여동생에게 쿠키를 주었습니다.

→ **もらう** : (내가 남에게 / 남이 남에게) 받다

· 私^{わたし}**は** 田中^{たなか}さん**に** ペン**を** **もらいました**。

  나는 다나카씨에게 펜을 받았습니다.

· 山田^{やまだ}さん**は** 鈴木^{すずき}さん**に** 映画^{えいが}の チケット**を** **もらいました**。

  야마다씨는 스즈키씨에게 영화 티켓을 받았습니다.

은혜(이익이 되는 행위)의 수수

→ V(て형)**て あげる** : (내가 남에게, 남이 남에게) ~해 주다 / 드리다

· 私^{わたし}**は** 田中^{たなか}さん**に** 傘^{かさ}を 貸^かして **あげました**。

  나는 다나카씨에게 우산을 빌려주었습니다.

· 鈴木^{すずき}さん**は** 山田^{やまだ}さん**に** 映画^{えいが}の チケット**を** 買^かって **あげました**。

  스즈키씨는 야마다씨에게 영화 티켓을 사 주었습니다.

→ V(て형) て くれる : (남이 나에게) ~ 해 주다

・田中さんは 私に カレーを 作って くれました。

다나카씨는 나에게 카레를 만들어 주었습니다.

→ V(て형) て もらう : (내가 남에게, 남이 남에게) ~해 받다

・私は 田中さんに カレーを 作って もらいました。

나는 다나카씨에게 카레를 만들어 받았습니다. (?)

→ 다나카씨는 나에게 카레를 만들어 주었습니다.

 ~てもらう(~에게 ~해 받다) 표현은 우리말로 번역할 때 ~てくれる(~가 ~해 주다)로 번역하는 것이 자연스럽다.

・山田さんは 鈴木さんに 映画の チケットを 買って もらいましした。

스즈키씨는 야마다씨에게 영화 티켓을 사주었습니다.

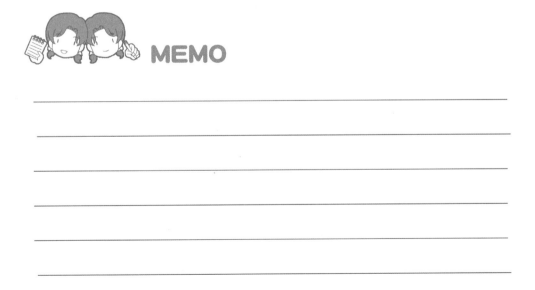 MEMO

_____

_____

_____

_____

_____

_____

1. 다음 예와 같이 일본어 문장을 만드세요.

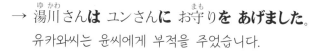

> 예 湯川さん、ユンさん、お守り
>
> → 湯川さんは ユンさんに お守りを あげました。
>
> 유카와씨는 윤씨에게 부적을 주었습니다.
>
>
>
> 예 私、弟、絵を描く
>
> → 私は 弟に 絵を 描いて あげました。
>
> 저는 남동생에게 그림을 그려주었습니다.
>
>

❶ 新井さん、友だち、日本の人形

→ _____

아라이씨는 친구에게 일본 인형을 주었습니다.

❷ ママ、赤ん坊、子守唄、歌う

→ _____

엄마는 아기에게 자장가를 불러주었습니다.

❸ 三浦さん、おばあさん、荷物、持つ

→ _____

미우라씨는 할머니의 짐을 들어 주었습니다.

ことば	人形(にんぎょう) 인형　　赤ん坊(あかんぼう) 아기　　子守唄(こもりうた) 자장가
	歌(うた)う 노래하다　　持(も)つ 들다

2. 다음 예와 같이 일본어 문장을 만드세요.

예 彼氏、(私に)、カプリング

→ 彼氏**が** (私に) カプリング**を くれました**。

애인이 (나에게) 커플링을 주었습니다.

예 川端さん、(私の)母、日本の 歌を 歌う

→ 川端さん**は** 母に 日本の 歌を
歌って ください ました。

가와바타씨는 (나의) 어머니께 일본 노래를
불러주었습니다.

❶ 木村さん、私、オルゴール

→ _____

기무라씨는 나에게 오르골을 주었습니다.

❷ 野村さん、父、日本料理、作る

→ _____

노무라씨는 (나의) 아버지에게 일본요리를 만들어 주었습니다.

❸ 松田さん、弟、インラインスケート、買う

→ _____

마쓰다씨는 (나의) 남동생에게 인라인 스케이트를 사주었습니다.

ことば	彼氏(かれし) 남자친구, 그(3인칭)	カプリング 커플링	オルゴール 오르골
	インラインスケート 인라인스케이트		

3. 다음 예와 같이 일본어 문장을 만드세요.

（예）遠藤<ruby>えんどう</ruby>さん、先生<ruby>せんせい</ruby>、ネクタイピン

→ 遠藤<ruby>えんどう</ruby>さん**は** 先生<ruby>せんせい</ruby>**に(から)** ネクタイピン**を もらいました**。

엔도씨는 선생님께 넥타이 핀을 받았습니다.

（예）私<ruby>わたし</ruby>、田村<ruby>たむら</ruby>さん、本<ruby>ほん</ruby>、貸<ruby>か</ruby>す

→ 私<ruby>わたし</ruby>**は** 田村<ruby>たむら</ruby>さん**に** 本<ruby>ほん</ruby>**を** 貸<ruby>か</ruby>**して もらいました**。

나는 다무라씨에게 책을 빌렸습니다.

❶ 友<ruby>とも</ruby>だち、マイケルさん、ネックレス

→ _____

　　친구는 마이클씨에게 목걸이를 받았습니다.

❷ 私<ruby>わたし</ruby>、清水<ruby>しみず</ruby>さん、作文<ruby>さくぶん</ruby>、直<ruby>なお</ruby>す

→ _____

　　시미즈씨는 나의 작문을 고쳐주었습니다.

❸ 先生<ruby>せんせい</ruby>、いい、本<ruby>ほん</ruby>、紹介<ruby>しょうかい</ruby>する

→ _____

　　선생님께 좋은 책을 소개받았습니다.

ことば	ネクタイピン 넥타이핀	貸(か)す 빌려주다	ネックレス 목걸이
	作文(さくぶん) 작문	直(なお)す 고치다	紹介(しょうかい)する 소개하다

4. 다음 밑줄 친 부분을 바르게 고쳐보세요.

❶ 木下さんは 私に ジュースを あげました。

기노시타씨는 나에게 주스를 주었습니다.

➡ _____

❷ 昨日 貸して あげた お金、明日 返すよ。

어제 빌려 준 돈 내일 갚을게.

➡ _____

❸ 先生の 奥さんは デイリさんに 和菓子を くれました。

선생님 부인께서는 데이리씨에게 일본과자를 주었습니다.

➡ _____

❹ マリさんは うちの 子に おもちゃを 買って あげました。

마리씨는 우리 아이에게 장난감을 사 주었습니다.

➡ _____

❺ オさんは 小杉さんを 京都市内を 案内して もらいました。

오씨는 고스기씨에게 교토시내를 안내해 주었습니다.

➡ _____

ことば	ジュース 주스	返(かえ)す 돌려주다
	奥(おく)さん 부인	和菓子(わがし) 일본전통과자
	京都市内(きょうとしない) 교토 시내	案内(あんない) 안내

5. 일본어로 작문하세요.

❶ 엄마는 언제나 우리를 위해 맛있는 요리를 해 주십니다.
(母、いつも、ため、おいしい、料理、作る)

→ _____

❷ 여동생 자전거를 고쳐주었습니다. (妹、自転車、直す)

→ _____

❸ 생일선물로 친구에게 곰 인형을 사 줬습니다.
(誕生日、プレゼント、熊、ぬいぐるみ、買う)

→ _____

❹ 에리씨는 다나카씨를 집까지 바래다 주었습니다.
(えりさん、田中さん、家まで、送る)

→ _____

❺ 그는 백송이의 장미를 주며 프로포즈 했습니다.
(彼、百本、バラ、プロポーズ)

→ _____

❻ 선생님에게 시집을 받았습니다. (先生、詩集)

→ _____

❼ 밸런타인데이에 기리초코*를 많이 받았습니다.

(バレンタインデー、義理チョコ)

➡ _____

*기리초코: 가족이나 직장동료를 위한 초콜릿

❽ 마키노씨는 울고 있는 아이에게 장난감을 주었습니다.

(牧野さん、泣く、子ども、おもちゃ)

➡ _____

ことば	誕生日(たんじょうび) 생일	プレゼント 선물	熊(くま) 곰
	プロポーズ 프러포즈	百本(ひゃっぽん) 백송이	バラ 장미
	詩集(ししゅう) 시집	バレンタインデー 발렌타인데이	
	義理(ぎり)チョコ 의리 초콜릿	泣(な)く 울다	

MEMO

07 たぶん、3才<ruby>才<rt>さい</rt></ruby>ぐらい だろうと <ruby>思<rt>おも</rt></ruby>います

 Check Point 보통체, 추량표현, 확신을 나타내는 표현

보통체

명사		な형용사	
<ruby>学生<rt>がくせい</rt></ruby>**だ** *	학생이다	<ruby>好<rt>す</rt></ruby>**きだ** *	좋아하다
<ruby>学生<rt>がくせい</rt></ruby>**では ない**	학생이 아니다	<ruby>好<rt>す</rt></ruby>**きでは ない**	좋아하지 않는다
<ruby>学生<rt>がくせい</rt></ruby>**だった**	학생이었다	<ruby>好<rt>す</rt></ruby>**きだった**	좋아했다
<ruby>学生<rt>がくせい</rt></ruby>**では なかった**	학생이 아니었다	<ruby>好<rt>す</rt></ruby>**きでは なかった**	좋아하지 않았다
동사		**い형용사**	
<ruby>行<rt>い</rt></ruby>**く**	가다	おいし**い**	맛있다
<ruby>行<rt>い</rt></ruby>**かない**	가지 않는다	おいし**く ない**	맛있지 않다
<ruby>行<rt>い</rt></ruby>**った**	갔다	おいし**かった**	맛있었다
<ruby>行<rt>い</rt></ruby>**かなかった**	가지 않았다	おいし**く なかった**	맛있지 않았다

추량표현

→ [보통체]**だろう / でしょう**　　: ~일 것이다 / ~일 겁니다

→ [보통체]**だろうと 思う**　　　: ~일거라 생각하다

단, 명사　　┐　Nだ + だろう　　休^{やす}み**だろう**
な형용사　┘　NAだ + だろう　無理^{むり}**だろう**

・ A: あの子は かわいいですね。 <u>いくつぐらい</u>**でしょうか**。

　　　　　　저 아이 귀엽네요. 몇 살 정도일까요?

　B: そうですね。 たぶん、 <u>3才ぐらい</u>**だろうと 思います**。

　　　　　　글쎄요. 아마 3살 정도일거라고 생각합니다.

→ [보통체]**かも しれない** : ~일지도 모른다

단, 명사　　┐　Nだ + かも しれない　　　休^{やす}み**かも しれない**
な형용사　┘　NAだ + かも しれない　無理^{むり}**かも しれない**

・ 東京^{とうきょう}デパートは 明日^{あした} 休^{やす}み**かも しれません**。

　　　　　　도쿄백화점은 내일 휴무일지도 모릅니다.

➜ 보통체 **はずだ** : ~일 것이다

 단, 명사 ┐ Nだ ⇒ Nの+はずだ   <ruby>休<rt>やす</rt></ruby>みの **はずだ**
　　　 な형용사 ┘ NAだ ⇒ NAな + はずだ   <ruby>無理<rt>むり</rt></ruby>な **はずだ**

· かばんが あるから、まだ いる **はずです**。

　　　　　　　　　　　　가방이 있으니까 아직 있을 거에요.

➜ 보통체 **に ちがいない** : ~임에 틀림없다

　 단, 명사 ┐ Nだ + ちがいない   <ruby>休<rt>やす</rt></ruby>みに **ちがいない**
　　　 な형용사 ┘ NAだ + ちがいない   <ruby>無理<rt>むり</rt></ruby>に **ちがいない**

· <ruby>表情<rt>ひょうじょう</rt></ruby>から みて、<ruby>息子<rt>むすこ</rt></ruby>は <ruby>合格<rt>ごうかく</rt></ruby>したに **ちがいない**。

　　　　　　　　　　　　표정으로 봐서 아들은 분명 합격했을 거에요.

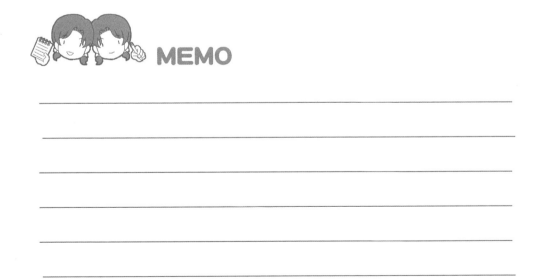

MEMO

_____

_____

_____

_____

_____

_____

1. 다음 예와 같이 일본어 문장을 만드세요.

> **예** 田村さん、一緒に、行く
>
> → 田村さんも 一緒に 行くでしょう。
>
> 다무라씨도 함께 가겠지요

❶ 明日、雨、降る

→ _____

내일은 비가 오겠지요.

❷ 熱、さえ、下がる、後、もう 大丈夫だ

→ _____

열만 내려가면 그 다음은 괜찮겠지요.

❸ 彼、自分の 意見、曲げない

→ _____

그는 자신의 의견을 굽히지 않겠지요.

ことば	熱(ねつ) 열	下(さ)がる 내리다	大丈夫(だいじょうぶ)だ 괜찮다
	意見(いけん) 의견	曲(ま)げる 굽히다	

2. 다음 예와 같이 일본어 문장을 만드세요.

> 예 もしかしたら、明日（あした）、彼（かれ）、来（く）る
>
> → もしかしたら、明日（あした）彼（かれ）が <u>来（こ）ない</u>**かも しれない**。
>
> 어쩌면 내일 그가 올지도 모른다.

❶ 今晩（こんばん）、とても、寒（さむ）い、明日（あした）、雪（ゆき）、降（ふ）る

→ _____

오늘 밤 매우 춥기 때문에 내일 눈이 올지도 모른다.

❷ あの人（ひと）、この会社（かいしゃ）、社長（しゃちょう）

→ _____

저 사람이 이 회사 사장일지도 모른다.

❸ 来週（らいしゅう）、展示会（てんじかい）、ある、忙（いそが）しい、なる

→ _____

다음 주 전시회가 있기 때문에 바빠질지도 모른다.

ことば	今晩(こんばん) 오늘 밤	会社(かいしゃ) 회사	社長(しゃちょう) 사장
	展示会(てんじかい) 전시회	忙(いそが)しい 바쁘다	

3. 다음 예와 같이 일본어 문장을 만드세요.

> **예** どこか、部屋の中、ある
>
> → どこか 部屋の 中に <u>ある</u>**に ちがいない。**
>
> 분명 방 안 어딘가에 있을 것이다.

❶ メモ、とおり、行く、駅、着く

→ _____

메모대로 가면 반드시 역에 도착할 것이다.

❷ 山田さん、出張、行って いる、明日、会議、来ない

→ _____

야마다씨는 출장 갔기 때문에 내일 회의에는 분명히 오지 않을 것이다.

❸ ラッシュ時、車、より、電車、ほう、速い

→ _____

러시아워 땐 자동차보다 전차가 분명히 빠를 것이다.

ことば	出張(しゅっちょう) 출장　　会議(かいぎ) 회의　　電車(でんしゃ) 전차
	速(はや)い 빠르다

4. 다음 빈칸에 적당한 말을 써 넣으세요.

❶ 牧野さんは 弁護士ですから、法律に くわしい＿＿＿＿＿＿＿＿。

마키노씨는 변호사이기 때문에 법률을 잘 알 거에요.

❷ A: 社長は いつ 来る＿＿＿＿＿＿＿＿＿。

사장님은 언제 오실까요?

B: ＿＿＿＿＿＿＿＿＿夜8時までには 帰るだろう。

아마 저녁 8시까지는 돌아오실 거에요.

❸ A: 来週までには できるでしょうか。

다음 주까지는 할 수 있을까요?

B: たぶん できる＿＿＿＿＿＿＿＿と 思います。

아마 할 수 있을 거라 생각합니다.

❹ 韓国語なら スミスさんより 田中さんの ほうが 上手＿＿＿＿＿しれない。

한국어라면 스미스씨보다 다나카씨가 잘할지도 모른다.

ことば	弁護士(べんごし) 변호사　　　法律(ほうりつ) 법률　　　韓国語(かんこくご) 한국어

5. 일본어로 작문하세요.

❶ 아마 그도 당신을 사랑하고 있을 겁니다. (たぶん、彼(かれ)、愛(あい)して いる)

→ _____

❷ 금방 돌아올지도 모르니까 좀 더 기다려 보자.

(すぐ、戻(もど)ってくる、もう 少(すこ)し、待(ま)つ)

→ _____

❸ 올 여름은 굉장히 덥겠죠. (今年(ことし)、夏(なつ)、すごい、暑(あつ)い)

→ _____

❹ 오늘은 일요일이니까 길이 한산할거라고 생각합니다.

(今日(きょう)、日曜日(にちようび)、道(みち)、空(す)く)

→ _____

❺ 그렇게 말했을지도 모르겠지만 잘 기억이 나질 않는다.

(そう、言(い)う、よく、覚(おぼ)える)

→ _____

❻ 고향의 친구들은 모두 건강하겠지. (国(くに)、皆(みんな)、健康(けんこう)だ)

→ _____

❼ 요시다씨는 반드시 오겠죠. (吉田(よしだ)、きっと、来(く)る)

→ _____

❽ 선배는 요즘 한가하실텐데 좀처럼 만날 수가 없습니다.

(先輩(せんぱい)、暇(ひま)だ、はず、なかなか、会(あ)える)

→ _____

ことば	愛(あい)する 사랑하다	戻(もど)ってくる 되돌아오다	待(ま)つ 기다리다
	道(みち) 길	空(す)く 비다	先輩(せんぱい) 선배	暇(ひま)だ 한가하다

08 おいしそうな 匂が しますね

 Check Point そうだ의 양태표현, 전문표현

→ A어간 / V(ます형) **そうだ** : ~인(한) 것 같다, ~인(한) 듯 하다   [양태]

명사	な형용사
	好きそうだ 好きではなさそうだ

동사	い형용사
降りそうだ 降らなさそうだ	おいしそうだ おいしくなさそうだ * よさそうだ なさそうだ

· おいしそうな 匂が しますね。 맛있을 것 같은 냄새가 나네요.

· 台風で 木が 倒れそうです。 태풍으로 나무가 쓰러질 것 같습니다.

「~そうだ(양태)」는 말하는 이가 본 상황이나 인상에 대한 판단이나 추측 예감을 나타내는 표현이며, な형용사와 같이 어미 활용한다.

- うれしそうな 顔　　　　기쁜 듯한 얼굴　　　　[명사수식]
- うれしそうに 笑う　　　　기쁜 듯 웃다　　　　[동사수식]
- うれしそうだった　　　　기쁜 듯 했다　　　　[과거]
- うれしそうじゃない　　　　기쁘지 않은 듯 하다　　　　[부정]

→ 보통체 そうだ　　　　　: ~라고 한다　　　　　[전문]

- バス料金が 上がる そうです。　버스요금이 오른다고 합니다.

- アリさんは 一度も 飛行機に 乗った ことが ない そうです。

　　　　　　　　　　아리씨는 한번도 비행기를 탄 적이 없다고 합니다.

 전문의 'そうだ'는 어미 활용을 하지 않는다. 각 품사별 보통체는 7과를 참조할 것

MEMO

1. 다음 예와 같이 일본어 문장을 만드세요.

> **예** 春木さんは、まじめだ → 春木さんは とても まじめ**そうです**。
> 하루키씨는 매우 성실한 것 같습니다.

❶ 日本語、勉強、おもしろい

→ _____

일본어 공부는 재미있을 것 같습니다.

❷ あの パソコン、高い

→ _____

저 컴퓨터는 비쌀 것 같습니다.

❸ 今日、暇では ない

→ _____

오늘은 한가하지 않을 것 같습니다.

2. 다음 예와 같이 일본어 문장을 만드세요.

> **예** 明日、風、強い → 明日は 風が 強い **そうです。**
>
> 내일은 바람이 강하다고 합니다.

❶ えりさん、今年、秋、結婚する

→ _____

에리씨는 올해 가을 결혼한다고 합니다.

❷ お父さん、来週、フランス、行く

→ _____

아버지는 다음 주 프랑스에 간다고 합니다.

❸ 昨日、試験、あまり、難しくない

→ _____

어제 시험은 그다지 어렵지 않았다고 합니다.

ことば	強(つよ)い 강하다	フランス 프랑스	難(むずか)しい 어렵다

3. 다음 밑줄 친 부분을 바르게 고쳐보세요.

❶ 天気予報に よると 明日は 雨が 降りそうだ。

일기예보에 의하면 내일은 비가 **온다고 한다.**

→ _____

❷ あの 子どもは すぐにも 泣くそうな 顔を して いる。

저 아이 곧 **울 것 같은** 얼굴을 하고 있다.

→ _____

❸ 父は 若い 時は カメラマンに なりたがりそうです。

아버지는 젊었을 때 카메라맨이 되고 **싶었다고 합니다.**

→ _____

❹ やっと 妹は アメリカの 生活にも すっかり なれそうです。

이제 여동생은 미국 생활에도 완전히 **적응했다고 합니다.**

→ _____

❺ 杉田さんは 背が 高くなさそうです。

스기타씨는 키가 **크지 않다고 합니다.**

→ _____

ことば	天気予報(てんきよほう) 날씨예보 若(わか)い 젊다 生活(せいかつ) 생활 背(せ) 키	顔(かお) 얼굴 カメラマン 카메라맨 なれる 적응하다, 익숙해지다

4. 일본어로 작문하세요.

❶ 하야시군은 매우 건강해 보이는군요. (林君、とても、元気だ)

　　→ _____

❷ 다나카씨는 낚시를 아주 좋아한답니다. (田中さん、つり、大好きだ)

　　→ _____

❸ 윤씨는 구청에 근무하고 있답니다. (ユンさん、区役所、勤めて いる)

　　→ _____

❹ 이 김치는 새빨개서 아주 매울 것 같습니다. (キムチ、真っ赤だ、辛い)

　　→ _____

❺ 이 길은 울퉁불퉁해서 걷기 힘들 것 같습니다. (道、凸凹だ、歩きにくい)

　　→ _____

❻ 비싸서 내 용돈으로는 도저히 살 수 없을 것 같습니다.
　　(高い、小遣い、とうてい、買える)

　　→ _____

❼ 그 아이는 더 먹고 싶은 듯한 표정을 짓고 있다.
　　(あの子、もっと、食べたい、顔、する)

　　→ _____

❽ 남의 일에는 전혀 관심이 없는 것 같습니다. (人のこと、全然、関心、ない)

　　→ _____

ことば	元気(げんき)だ 건강하다	大好き(だいすき)だ 매우 좋아하다	
	区役所(くやくしょ) 구청	勤(つと)める 근무하다	辛い(からい) 맵다
	凸凹(でこぼこ)だ 울퉁불퉁하다	歩(ある)く 걷다	小遣(こづか)い 용돈
	全然(ぜんぜん) 전혀	関心(かんしん) 관심	つり 낚시

道路は 洪水で まるで 川の ようです

 ようだ, らしい

→ 보통체 **ようだ** : ~인(한) 것 같다, ~인(한) 듯 하다

[오감, 직접(오감, 자신의 지식) 정보를 근거로 한 추정]

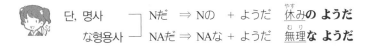

단, 명사 ─┐ Nだ ⇒ Nの ＋ ようだ　休みの ようだ
な형용사 ─┘ NAだ ⇒ NAな ＋ ようだ　無理な ようだ

· 田中さんは 今 留守の **ようです**。

　　　　　　다나카씨는 지금 부재중인 것 같습니다. [추량]

· 洪水で 道路が まるで 川の **ようです**。

　　　　　　홍수로 도로가 마치 강과 같습니다. [비유]

· 私は ケーキや プリンの **ような** 甘い ものが 好きです。

　　　　　　나는 케이크나 푸딩과 같이 단 음식을 좋아합니다. [예시]

→ ⬚V **ように** ⬚V : ~(하)도록, ~(하)기 위해 ~하다 [목적]

 ように 앞에는 말하는 사람의 의지를 나타내는 동사는 오지 않는다. (무의지동사, 가능동사, 동사의 부정형이 오는 경우가 많음)

· 日本の 生活に 慣れる **ように** ホームステイを しました。

　일본 생활에 적응하기 위해 홈스테이를 했습니다.

· 寒いですから、かぜを ひかない **ように**、気を つけて ください。

　추우니까 감기 걸리지 않게 조심하세요.

→ ⬚보통체 **らしい** : ~인(한) 것 같다 / ~라고 하다

　　　　　　　　　　[간접(다른 이에게 듣거나 관찰, 분석)정보를 근거로 한 추정]

 단, 명사　　┐ Nだ ＋ らしい　休み **らしい**
　　な형용사　┘ NAだ ＋ らしい　無理 **らしい**

· 丸山さんは 試験に 受かった **らしいです**。　　　　　　[추량]

마루야마씨는 시험에 합격한 듯 합니다.

· 天気予報に よると 今日は 雪が 降る **らしいです**。　　[전문]

일기예보에 의하면 오늘은 눈이 온다고 합니다

1. 다음 예와 같이 일본어 문장을 만드세요.

> 예 ここ、まるで、天国(てんごく)だ → ここは まるで 天国(てんごく)の **ようです**。
>
> 여기는 마치 천국 같습니다.

❶ あの、子(こ)、まるで、天使(てんし)だ、笑(わら)う

　→ _____

　　저 아이 마치 천사같이 웃고 있네요.

❷ あの、新人社員(しんじんしゃいん)、まじめだ

　→ _____

　　저 신입사원 성실한 것 같네요.

❸ すみません、勘定(かんじょう)、間違(まちが)う

　→ _____

　　죄송한데, 계산이 틀린 것 같습니다.

ことば	天国(てんごく) 천국　　　　天使(てんし) 천사　　　　新人社員(しんじんしゃいん) 신입사원
	勘定(かんじょう) 계산　　　間違(まちが)う 틀리다

2. 다음 예와 같이 일본어 문장을 만드세요.

예 鈴木さんの 職業、歌手だ

→ 鈴木木さんの 職業は <u>歌手</u> **らしいです。**

스즈키씨 직업은 가수인 것 같습니다.

---

❶ あの店、カレー、有名だ

→ _____

저 가게는 카레가 유명한 것 같습니다.

❷ 今年、梅雨明け、遅い

→ _____

올해는 장마가 늦게 걷힌 것 같습니다.

❸ 昨日、近所、強盗事件が ある

→ _____

어제 근처에서 강도사건이 있었던 것 같습니다.

ことば	職業(しょくぎょう) 직업	歌手(かしゅ) 가수	店(みせ) 가게
	有名(ゆうめい)だ 유명하다	梅雨明(つゆあ)け 장마가 걷힘	遅(おそ)い 늦다
	近所(きんじょ) 근처	強盗事件(ごうとうじけん) 강도사건	

3. 다음 예와 같이 일본어 문장을 만드세요.

> **예** 約束、忘れない、メモして おく
>
> → 約束を <u>忘れない</u> **ように** メモして おきます。
>
> 약속을 잊지 않도록 메모 해 둡니다.

❶ 明日、早く、起きられる、寝る

→ _____

내일 일찍 일어날 수 있도록 일찍 잡니다.

❷ 先生、声、聞こえる、前の席、座る

→ _____

선생님 목소리가 잘 들리도록 앞자리에 앉습니다.

❸ 外国人、わかる、やさしい、ことば、話す

→ _____

외국인도 이해할 수 있도록 쉬운 말로 이야기해 주세요.

ことば	聞(き)こえる 들리다　　やさしい 쉽다　　ことば 말, 단어　　話(はな)す 이야기하다

4. 다음 빈칸에 적당한 말을 써 넣으세요.

❶ 病気に ならない＿＿＿＿＿＿＿＿＿ 気を つけて ください。

병에 걸리지 않게 조심하세요.

❷ まるで 羊の＿＿＿＿＿＿＿＿＿雲ですね。

마치 양 같은 구름이네요.

❸ あの レストランは ステーキで 有名＿＿＿＿＿＿＿＿＿ です。

저 레스토랑은 스테이크로 유명한 듯합니다.

❹ 余計な 誤解を 呼ぶ＿＿＿＿＿＿＿＿＿ことは 言わない ほうが いいです。

쓸데없는 오해를 살 수 있을 법한 것은 말하지 않는 편이 좋습니다.

❺ 身ぶり手振りでも 意味は 通じた＿＿＿＿＿＿＿＿＿。

몸짓 손짓으로도 의미는 통한 듯합니다.

ことば	病気(びょうき) 병	羊(ひつじ) 양	雲(くも) 구름
	ステーキ 스테이크	余計(よけい)だ 쓸데없다	誤解(ごかい) 오해
	呼(よ)ぶ 부르다	身振(みぶ)り手振(てぶ)り 몸짓손짓	意味(いみ) 의미
	通(つう)じる 통하다		

5. 일본어로 작문하세요.

❶ 새근새근 자고 있는 아기는 마치 천사와 같다.
　(すやすや、寝て いる、赤ちゃん、まるで、天使だ)

　→ _____

❷ 남동생은 아직 어린애처럼 서툴게 젓가락질을 하고 있다.
　(まだ、子ども、不器用だ、箸を 持つ)

　→ _____

❸ 새 소리가 들리도록 창문을 열었습니다.
　(鳥、声、聞こえる、窓、開ける)

　→ _____

❹ 길을 잃지 않도록 지도를 가지고 왔습니다.
　(道、迷う、地図、持つ、来る)

　→ _____

❺ 누군가 온 것처럼 문이 열려 있었습니다. (誰、来る、ドア、開く)

　→ _____

❻ 벌써 10시입니다. 박씨는 수업에 나오지 않을 것 같습니다.
(もう、パク、授業、出る)

➜ _____

❼ 그는 벌써 자는지 불이 꺼져 있었습니다.
(もう、寝る、明かり、消える)

➜ _____

❽ 정씨는 일본어를 모르는 것 같습니다. (チョン、日本語、わかる)

➜ _____

| ことば | 不器用(ぶきよう)だ 서투르다 | 箸(はし) 젓가락 | 道(みち)に迷(まよ)う 길을 잃다 |
| | 授業(じゅぎょう) 수업 | 明(あ)かり 불 | 消(き)える 꺼지다 |

10 　電車の 中で 足を 踏まれました

でんしゃ　なか　あし　ふ

 Check Point 수동표현

수동형

동사활용 종류	수동형
1그룹 동사	「-u」 → 「-a」 + **れる** 書く(ku) → 書か(ka) + **れる** 飲む(mu) → 飲ま(ma) + **れる** とる(ru) → とら(ra) + **れる**
2그룹 동사	「る」 → 「る」 + **られる** 見る → 見**られる** 食べる → 食べ**られる**
3그룹 동사	する → **される** 来る → 来**られる**

🔍 수동표현

→ **[직접수동]** : 직접적 영향

- 田中(たなか)さんは 鈴木(すずき)さんを 殴(なぐ)った。　　다나카씨는 스즈키씨를 때렸다.　　[능동]

- 鈴木(すずき)さんは 田中(たなか)さんに **殴(なぐ)られらた**。　스즈키씨는 다나카씨에게 맞았다.　　[수동]

→ **[피해수동]** : 간접적 영향

- 雨(あめ)が 降(ふ)った。　　　　　　　　비가 왔다.

- (私(わたし)は) 雨(あめ)に **降(ふ)られた**。　　　　비를 맞았다.

→ **[소유자수동]** : 신체일부, 소유물, 관련인물 등

- 子犬(こいぬ)が 私(わたし)の 足(あし)を かみました。　강아지가 내 발을 물었습니다.　　[능동]

- 私(わたし)は 子犬(こいぬ)に 足(あし)を **かまれました**。　나는 강아지에게 발을 물렸습니다.　[수동]

 다음의 경우에는 수동표현을 사용할 수 없다.
① 존재상태(ある、いる)、要(い)る、分(わ)かる
② 자발의 의미를 갖는 동사 : 聞(き)こえる、見(み)える
③ 능력을 나타내는 동사 : できる、가능동사

 **'수동형'을 사용한 존경표현**

· 先生は 明日 何時に 学校へ **来られますか**。
せんせい　あした　なんじ　　がっこう　　　こ

선생님께서는 내일 몇 시에 학교에 오십니까?

· 先輩、新しい パソコンを **買われましたか**。
せんぱい　あたら　　　　　　　　　　か

선배님 새로운 컴퓨터를 사셨나요?

 수동형을 사용한 존경표현은 다른 경어표현(12과 참조)에 비해 존경의 정도가 낮다.

 '수동형'을 사용한 자발표현

· 彼が犯人だと思われます。
かれ　はんにん　　　おも

그가 범인이라고 생각됩니다.

· この子将来が案じられる。
こ　しょうらい　あん

이 아이의 장래가 걱정됩니다.

 적극적인 의지를 갖고 하는 것이 아니라 저절로 그렇게 하게 됨을 나타내는 표현.

1. 다음 예와 같이 직접 수동문을 만드세요.

> 예 母が 私を しかりました。 → 私は 母に しかられました。
> 어머니가 나를 혼냈습니다　　나는 어머니에게 혼났습니다.

❶ 友だちが 私を 映画に 誘いました。

→ _____

나는 친구에게 영화 보러 가자고 권유받았습니다.

❷ 先生は 私を ほめました。

→ _____

나는 선생님께 칭찬받았습니다.

❸ 同僚が 私に 書類作成を 頼みました。

→ _____

나는 동료에게 서류작성을 부탁받았습니다.

ことば	映画(えいが) 영화	誘(さそ)う 권유하다
	同僚(どうりょう) 동료	書類作成(しょるいさくせい) 서류작성
	頼(たの)む 부탁하다	

2. 다음 예와 같이 피해 수동문을 만드세요.

> **예** 父**が** 死にました。 → 父**に** 死なれました。
>
>   아버지가 돌아가셨습니다. (피해수동)

❶ ゆうべ 友だち**が** 来て、宿題が できませんでした。

→ _____

　　어젯 밤 친구가 와서 숙제를 못했습니다.

❷ 子ども**が** 泣いて 困りました。

→ _____

　　아이가 울어서 난처했습니다.

❸ 昨日、隣の 人**が** 夜 遅くまで さわいで 眠れませんでした。

→ _____

　　어젯밤 옆 집사람이 밤늦게까지 떠들어대서 잠을 잘 수 없었습니다.

ことば	宿題(しゅくだい) 숙제　　　困(こま)る 곤란하다　　　隣(となり) 이웃, 옆
	眠(ねむ)る 잠들다

3. 다음 예와 같이 일본어 문장을 만드세요. [존경]

> 예 先生、今朝、新聞、読む
> → <u>先生、今朝の 新聞を 読まれましか。</u>
> 선생님, 오늘 아침 신문 읽으셨습니까?

❶ 部長、昼ごはん、どこ、食べる

→ _____

부장님, 점심은 어디서 잡수셨습니까?

❷ お父さん、何と、言う

→ _____

아버지께서는 뭐라고 말씀하셨어요?

❸ スミス先生、明日、アメリカ、帰る

→ _____

스미스선생님께서는 내일 미국으로 돌아가십니다.

ことば	今朝(けさ) 오늘 아침	部長(ぶちょう) 부장

4. 주어진 동사를 적당한 형태로 바꾸어 써 넣으세요.

❶ 突然 友だちに＿＿＿＿＿＿面接の 準備が できなかった。　**기본형** 来る

갑자기 친구가 **와서(피해수동)** 면접 준비를 못했다.

❷ ユンさんは 社長に 出張を＿＿＿＿＿＿。　**기본형** 命じる

윤씨는 사장님께 출장 **명령을 받았다.**

❸ きのう 雨に＿＿＿＿＿＿風邪を ひきました。　**기본형** 降る

어제 비를 **맞아서(피해수동)** 감기에 걸렸습니다.

❹ この歌は 若い 人たちに よく＿＿＿＿＿＿います。　**기본형** 歌う

이 노래는 젊은 사람들에게 자주 **불리고** 있습니다.

❺ 昨日 留守中 泥棒に お金を＿＿＿＿＿＿。　**기본형** 盗む

어제 부재중에 도둑에게 돈을 **도둑맞았습니다.**

ことば	突然(とつぜん) 돌연	面接(めんせつ) 면접	準備(じゅんび) 준비
	命(めい)じる 명하다	泥棒(どろぼう) 도둑	盗(ぬす)む 훔치다

5. 일본어로 작문하세요.

❶ 전차 안에서 발을 밟혔습니다. (電車の 中、足、踏む)

→ _____

❷ 선생님께서 읽으시는 문장을 받아 적습니다. (読む、文章、書き取る)

→ _____

❸ 사장님께서는 자주 낚시하러 가십니다. (社長、よく、釣りに 行く)

→ _____

❹ 어제 저녁에 갑자기 친구가 와서 한숨도 못 잤다.
(ゆうべ、急に、一睡も できない)

→ _____

❺ 와인은 포도로 만들어집니다. (ワイン、ぶどう、から、作る)

→ _____

❻ 중학교 때 아버지께서 돌아가셔서(피해수동) 학교를 그만두어야 했습니다.
(死ぬ、学校を 辞める)

→ _____

❼ 「문화의 날(11월3일)」을 전후해서 대학이나 고등학교에서는 축제가 열립니다.
(文化の日、前後する、文化祭、開く)

→ _____

❽ 「올드보이」를 통해서 한국영화가 온 세계 사람들에게 알려지게 되었다.
(「オルドボイ」、通じる、韓国映画、世界中、人々、知る、ように なる)

→ _____

ことば	踏(ふ)む 밟다	文章(ぶんしょう) 문장	釣(つ)り 낚시	急(きゅう)に 갑자기
	一睡(いっすい) 한숨	辞(や)める 그만두다	文化(ぶんか) 문화	開(ひら)く 열리다

11 母は 妹に 部屋の 掃除を させます

 Check Point 사역표현, 사역수동표현

사역형

동사활용 종류	사역형
1그룹 동사	「-u」 → 「-a」 + **せる** 書く(ku) → 書か(ka) + **せる** 飲む(mu) → 飲ま(ma) + **せる** とる(ru) → とら(ra) + **せる**
2그룹 동사	「る」 → 「る」 + **させる** 見る → 見**させる** 食べる → 食べ**させる**
3그룹 동사	する → **させる** 来る → 来**させる**

🔍 사역표현

→ **~に (~を) ~(さ)せる** : ~에게 ~을/를 ~하게 하다

• <ruby>母<rt>はは</rt></ruby>は <ruby>妹<rt>いもうと</rt></ruby>**に** <ruby>部屋<rt>へや</rt></ruby>の <ruby>掃除<rt>そうじ</rt></ruby>を <u>させます</u>。   [강제]

어머니는 여동생에게 방 청소를 하게 합니다.

• <ruby>先生<rt>せんせい</rt></ruby>は <ruby>子<rt>こ</rt></ruby>どもたち**を** <ruby>遊<rt>あそ</rt></ruby>ばせました。   [허가]

선생님은 아이들을 놀게 하였습니다.

• わがままを <ruby>言<rt>い</rt></ruby>って <ruby>父<rt>ちち</rt></ruby>**を** <u><ruby>怒<rt>おこ</rt></ruby>らせて</u> しまった。   [유발]

제멋대로 말해서 아버지를 화나게 했다.

 일반적으로 타동사 사역문은 피사역자(당하는 사람)에게 조사 に를 사용하고, 자동사 사역문은 조사 を를 사용한다.

• <ruby>母<rt>はは</rt></ruby>は <u><ruby>妹<rt>いもうと</rt></ruby></u>**に** <ruby>部屋<rt>へや</rt></ruby>の <ruby>掃除<rt>そうじ</rt></ruby>を させます。   [타동사 사역문-피사역자; 여동생]
• <ruby>先生<rt>せんせい</rt></ruby>は <u><ruby>子<rt>こ</rt></ruby>どもたち</u>**を** <ruby>遊<rt>あそ</rt></ruby>ばせました。   [자동사 사역문-피사역자; 아이들]

사역수동형

동사활용 종류	사역수동형
1그룹 동사	「-u」 → 「-a」 + **せられる**(= **される**) 書く(ku) → 書か(ka) + せられる / 書かされる 飲む(mu) → 飲ま(ma) + せられる / 飲まされる とる(ru) → とら(ra) + せられる / とらされる *話す → 話させられる(○) / 話さされる(×)
2그룹 동사	「る」 → 「る」 + **させられる** 見る → 見させられる 食べる → 食べさせられる
3그룹 동사	する → **させられる** 来る → **来させられる**

 사역수동의 단축형: 「~す」를 제외한 1그룹동사는 ~せられる → ~される

🔍 사역수동표현

→ **~に (~を) ~(さ)せられる**　　　　　　　　: (어쩔 수 없이) ~하다

· 病気で 会社を 辞めさせられました。

　병 때문에 (어쩔 수 없이) 회사를 그만뒀습니다.

· 月末は 夜遅くまで 働かされる ことが 多いです。

　월말은 밤늦게까지 일해야 하는 일이 많습니다.

1. 다음 예와 같이 타동사 사역문을 만드세요. [~에게 ~을 하게 하다]

> 예 学生、本、読む → 学生に 本を 読ませた。
> 학생에게 책을 읽게 했다.

❶ 飲み会、先輩、お酒、飲む

→ _____

술자리에서 선배에게 술을 마시게 했다.

❷ 酒井さん、書類、検討する。

→ _____

사카이씨에게 서류를 검토하게 했다.

❸ 娘、ピアノ、習う

→ _____

딸에게 피아노를 배우게 했다.

ことば　飲(の)み会(か)い 술자리

2. 다음 예와 같이 자동사 사역문을 만드세요. [~을 ~하게 하다]

예 おもしろい話、する、みんな、笑う

→ おもしろい 話を して、みんな**を** 笑わせた。

재미있는 얘기를 해서 모두를 웃게 했다.

---

❶ 奨学金、もらう、両親、喜ぶ

→ _____

장학금을 받아서 부모님을 기쁘게 했다.

❷ うそを つく、先生、怒る

→ _____

거짓말을 해서 선생님을 화나게 했다.

❸ けがを する、家族、心配する

→ _____

부상을 당해서 가족을 걱정시켰다.

ことば	奨学金(しょうがくきん) 장학금 喜(よろこ)ぶ 기뻐하다 心配(しんぱい)する 걱정하다	両親(りょうしん) 부모님 怒(おこ)る 화내다 家族(かぞく) 가족

3. 다음 예와 같이 사역수동문을 만드세요.

> 예 子^こども、フランス、行^いく
> → 子^こども**は** フランスに 行^いかされました。
>   아이는 (어쩔 수 없이) 프랑스에 갔습니다.
>
> 예 子^こども、母^{はは}、野菜^{やさい}、食^たべる
> → 子^こども**は** 母^{はは}に 野菜^{やさい}を 食^たべさせられます。
>   아이는 엄마 때문에 (어쩔 수 없이) 야채를 먹습니다.

❶ 忘年会^{ぼうねんかい}、後輩^{こうはい}、先輩^{せんぱい}、歌^{うた}う

➡ ＿＿＿＿＿＿＿＿＿＿＿＿＿＿＿＿＿＿＿＿＿

망년회에서 후배는 선배 때문에 (어쩔 수 없이) 노래했습니다.

❷ 子^こども、母^{はは}、寝^ねる

➡ ＿＿＿＿＿＿＿＿＿＿＿＿＿＿＿＿＿＿＿＿＿

아이는 어머니 때문에 (어쩔 수 없이) 잡니다.

❸ 姉^{あね}、両親^{りょうしん}、お見合^{みあ}いを する

➡ ＿＿＿＿＿＿＿＿＿＿＿＿＿＿＿＿＿＿＿＿＿

언니는 부모님 때문에 (어쩔 수 없이) 맞선을 봤습니다.

ことば	野菜(やさい) 야채	忘年会(ぼうねんかい) 망년회	後輩(こうはい) 후배
	姉(あね) 언니, 누나	お見合(みあ)い 맞선	

4. 다음 밑줄 친 부분을 바르게 고치세요.

❶ 斎藤さんは 子どもを 英語を 習わせました。

사이토씨는 아이에게 영어를 배우게 했습니다.

→ _____

❷ この 学校では 学生に 毎日 日記を <u>つけさせます</u>。

이 학교에서는 학생에게 매일 일기를 **쓰게 합니다**.

→ _____

❸ 先生は 西村さんに チョークを 取りに <u>行きました</u>。

선생님은 니시무라씨에게 분필을 가지러 **가게 했습니다**.

→ _____

❹ 子どもは 父に 車を <u>洗わせました</u>。

아이는 아버지 때문에 (어쩔 수 없이) 차를 닦았습니다.

→ _____

❺ 選手は 監督に 雨の日でも <u>練習させます</u>。

선수는 감독 때문에 비오는 날도 (어쩔 수 없이) 연습을 합니다.

→ _____

| ことば | 日記(にっき) 일기 | チョーク 분필 | 洗(あら)う 씻다 |
| | 選手(せんしゅ) 선수 | 監督(かんとく) 감독 | 練習(れんしゅう) 연습 |

5. 일본어로 작문하세요.

❶ 꽃을 주어서 여자 친구를 기쁘게 했습니다. (花、あげる、彼女、喜ぶ)

    ➡ _____

❷ 이웃집 유리창을 깨서 이웃집 아저씨를 화나게 했습니다.
(隣の家、窓ガラス、割る、隣のおじさん、怒る)

    ➡ _____

❸ 나는 개에게 공원을 달리게 했습니다. (犬、公園、走る)

    ➡ _____

❹ 어릴 적엔 부모님을 기쁘게 해 드리기 위해 공부한 것 같은 생각이 들었다.
(子どもの頃、親、喜ぶ、気がする)

    ➡ _____

❺ 공부하기 싫어할 때는 실컷 놀게 하세요(勉強を いやがる、思う存分、遊ぶ)

    ➡ _____

❻ 선생님은 학생들에게 몇 번이나 반복해서 모델문을 읽힙니다.

<ruby>何回<rt>なんかい</rt></ruby>、<ruby>繰<rt>く</rt></ruby>り<ruby>返<rt>かえ</rt></ruby>す、モデル<ruby>文<rt>ぶん</rt></ruby>、<ruby>読<rt>よ</rt></ruby>む)

→ ＿＿＿＿＿＿＿＿＿＿＿＿＿＿＿＿＿＿＿＿＿＿

❼ 나는 정말 양파가 싫은데 엄마 때문에 어쩔 수 없이 먹었습니다.

(<ruby>本当<rt>ほんとう</rt></ruby>に、<ruby>玉<rt>たま</rt></ruby>ねぎ、いやだ、<ruby>食<rt>た</rt></ruby>べる)

→ ＿＿＿＿＿＿＿＿＿＿＿＿＿＿＿＿＿＿＿＿＿＿

❽ 쇼핑하러 갈 때 부인 때문에 어쩔 수 없이 운전을 합니다.

(<ruby>買<rt>か</rt></ruby>い<ruby>物<rt>もの</rt></ruby>、<ruby>行<rt>い</rt></ruby>く、<ruby>妻<rt>つま</rt></ruby>、<ruby>運転<rt>うんてん</rt></ruby>する)

→ ＿＿＿＿＿＿＿＿＿＿＿＿＿＿＿＿＿＿＿＿＿＿

ことば	割(わ)る 깨지다	頃(ころ) ~시절
	思(おも)う存分(ぞんぶん) 마음껏	繰(く)り返(かえ)す 반복하다
	本当(ほんとう)に 정말로	玉(たま)ねぎ 양파
	妻(つま) 부인	

MEMO

12 これは 先生が お書きに なった 本です

 Check Point 경어표현(존경표현, 겸양표현)

존경표현

→ **ご 동작성N に なる** : ~하시다

・担当医と **ご相談に なって ください**。　　담당의사와 상담해 주세요.

→ **お V(ます형) に なる** : ~하시다

・これは 先生が **お書きに なった** 本です。　이것은 선생님께서 쓰신 책입니다.

→ **존경동사**

・先生が 日本に **いらっしゃいました**。　　선생님께서 일본에 가셨습니다.

　　　　　　　　　　　　　　　　　　　선생님께서 일본에 오셨습니다.

겸양표현

→ ご 동작성N する / いたす　　: ~하다

- 私が 学校まで ご案内 します。　　제가 학교까지 안내 하겠습니다.

→ お V(ます형) する / いたす　　: ~하다

- 午後 5時まで 本屋で お待ちして います。

오후 5시까지 서점에서 기다리고 있겠습니다.

→ 겸양동사

- 私は 山田花子と 申します。　　저는 야마다 하나코라고 합니다.

존경표현(남을 높임)
お読みになりましたか
읽으셨습니까?

겸양표현(나를 낮춤)
お読みしました
읽었습니다.

겸양동사			존경동사
参る	行く／来る 가다, 오다		いらっしゃる
いたす	する 하다		なさる
申す／申し上げる	言う 말하다		おっしゃる
拝見する	見る 보다		御覧になる
いただく	食べる、飲む 먹다, 마시다		召し上がる
さしあげる	あげる (내가 남에게 / 남이 남에게) 주다		
	くれる (남이 나에게) 주다		くださる
いただく	もらう (내가 남에게 / 남이 남에게) 받다		

MEMO

1. 다음 예와 같이 일본어 문장을 만드세요. [존경]

> 예 この 写真(しゃしん)は 誰(だれ)が とりましたか。
>   → この 写真(しゃしん)は どなたが **おとりに なりましたか**。
>   이 사진은 누가 찍으셨습니까?

❶ 日本語(にほんご)の 勉強(べんきょう)は 続(つづ)ける つもりですか。

→ _____

　일본어 공부는 계속하실 예정이십니까?

❷ 社長(しゃちょう)は もう 帰(かえ)りました。

→ _____

　사장님께서는 벌써 돌아가셨습니다.

❸ この 資料(しりょう)は 山田先生(やまだせんせい)が 作(つく)りました

→ _____

　이 자료는 야마다 선생님께서 만드셨습니다.

ことば	続(つづ)ける 계속하다　　資料(しりょう) 자료

2. 다음 예와 같이 일본어 문장을 만드세요. [겸양]

> 예 書類は あした ファックスで 送ります。
>
> → 書類は あした ファックスで **お送りします**。
>
> 서류는 내일 팩스로 보내겠습니다.

❶ かばんは 私が 持ちます。

→ _____

가방은 제가 들겠습니다.

❷ 私が 傘を 貸します。

→ _____

제가 우산을 빌려드리겠습니다.

❸ 私が タクシーを 呼びます。

→ _____

제가 택시를 부르겠습니다.

ことば	ファックス 팩스	傘(かさ) 우산

3. 다음 예와 같이 일본어 문장을 만드세요. [존경동사 / 겸양동사]

> **예** 私は パクと 言います。 → 私は パクと **申します**。
> わたし　　　　　い　　　　　　わたし　　　　　　もう
> 저는 박이라고 합니다.

❶ 社長は 今 会議室に います。
しゃちょう　いま　かいぎしつ

➡ _____

사장님께서는 지금 회의실에 계십니다.

❷ この 写真を 見ましたか。
しゃしん　み

➡ _____

이 사진을 보셨습니까?

❸ この 本は 高橋先生から もらいました。
ほん　たかはしせんせい

➡ _____

이 책은 다카하시선생님께 받았습니다.

4. 다음 밑줄 친 부분을 바르게 고쳐보세요.

❶ 不良品は すぐ お交換いたします。　　　기본형 交換する

　　불량품은 바로 **교환해 드리겠습니다**.　→ ＿＿＿＿＿＿＿＿＿＿＿

❷ 何を お買いしますか。　　　기본형 買う

　　우엇을 **사시겠습니까**?　→ ＿＿＿＿＿＿＿＿＿＿＿

❸ 何時に お帰りしますか。　　　기본형 帰る

　　몇 시에 **돌아가싱니까**?　→ ＿＿＿＿＿＿＿＿＿＿＿

❹ 何を お読みますか。　　　기본형 読む

　　우엇을 **읽고 계싱니까**?　→ ＿＿＿＿＿＿＿＿＿＿＿

❺ タクシーを お呼びに なりましょうか。　기본형 呼ぶ

　　택시를 **불러드릴까요**?　→ ＿＿＿＿＿＿＿＿＿＿＿

ことば	不良品(ふりょうひん) 불량품	交換(こうかん)する 교환하다

5. 일본어로 작문하세요.

❶ 부장님은 지난달 회사를 그만두셨답니다. (部長、先月、会社、辞める)

→ _____

❷ 아침 몇시에 일어나십니까? (起きる)

→ _____

❸ 내 결혼식에 고바야시 선생님을 초대했습니다.
(私、結婚式、小林先生、招待する)

→ _____

❹ 이 펜을 사용해 주세요. (ペン、使う)

→ _____

❺ 사장실로 전화를 연결해드리겠습니다. (社長室、電話、繋ぐ)

→ _____

❻ 토요일 3시까지 보내 드리겠습니다. (土曜日、3時、までに、届ける)

→ _____

❼ 나가노 선생님은 이번 주 토요일에 사진전을 여신답니다.
(長野先生、土曜日、写真展、開く、そうだ)

→ _____

❽ 필요하다면 제가 빌려 드리겠습니다. (必要だ、貸す)

→ _____

ことば	繋(つな)ぐ 잇다, 연결하다	届(とど)ける 전하다, 보내어 주다
	先月(せんげつ) 지난 달	招待(しょうたい)する 초대하다

新 スラスラ 일본어 작문 2

부록

国名の表記

① ベトナム 베트남
② フィリピン 필리핀
③ タイ 타이
④ マレーシア 말레이시아
⑤ インドネシア 인도네시아
⑥ モンゴル 몽골
⑦ インド 인도
⑧ パキスタン 파키스탄
⑨ イラン 이란
⑩ イラク 이라크
⑪ クウェート 쿠웨이트
⑫ サウジアラビア 사우디아라비아
⑬ シリア 시리아
⑭ イスラエル 이스라엘
⑮ トルコ 터키
⑯ ギリシア 그리스
⑰ ロシア 러시아
⑱ スイス 스위스
⑲ イタリア 이탈리아
⑳ スペイン 스페인
㉑ ポルトガル 포르투갈
㉒ フランス 프랑스
㉓ イギリス 영국
㉔ ドイツ 독일
㉕ ベルギー 벨기에
㉖ オランダ 네덜란드
㉗ ノルウェイ 노르웨이
㉘ スウェーデン 스웨덴
㉙ フィンランド 핀란드
㉚ モロッコ 모로코
㉛ アルジェリア 알제리
㉜ リビア 리비아
㉝ エジプト 이집트
㉞ スーダン 수단
㉟ エチオピア 에티오피아
㊱ ソマリア 소말리아
㊲ ケニア 케냐
㊳ アンゴラ 앙골라
㊴ マダガスカル 마다가스카르
㊵ 南(みなみ)アフリカ共和国(きょうわこく) 남아프리카공화국
㊶ カナダ 캐나다
㊷ アメリカ 미국
㊸ メキシコ 멕시코
㊹ キューバ 쿠바
㊺ ベネズエラ 베네수엘라
㊻ コロンビア 콜롬비아
㊼ エクアドル 에콰도르
㊽ ペルー 페루
㊾ チリ 칠레
㊿ ブラジル 브라질
(51) ボリビア 볼리비아
(52) パラグアイ 파라과이
(53) ウルグアイ 우루과이
(54) アルゼンチン 아르헨티나
(55) オーストラリア 오스트레일리아
(56) ニュージーランド 뉴질랜드

한국 성씨 가타카나 표기법

김金	キム	전全	チョン	우禹	ウ	노魯	ノ	반潘	パン
이李	イ	고高	コ	주朱	チュ	염廉	ヨム	왕王	ワン
박朴	パク	문文	ムン	나羅	ナ	변辺	ピョン	금琴	クム
최崔	チェ	손孫	ソン	임任	イム	여呂	ヨ	옥玉	オク
정鄭	チョン	양梁	ヤン	전田	チョン	추秋	チュ	육陸	ユク
강姜	カン	배裴	ペ	민閔	ミン	도都	ト	인印	イン
조趙	チョ	백白	ペク	신辛	シン	신愼	シン	맹孟	メン
윤尹)	ユン	조曺	チョ	지池	チ	석石	ソク	제諸	チェ
장張	チャン	허許	ホ	진陳	チン	소蘇	ソ	탁卓	タク
임林	イム	남南	ナム	엄嚴	オム	설薛	ソル	진秦	チン
한韓	ハン	심沈	シム	원元	ウォン	선宣	ソン	남궁南宮	ナムグン
신申	シン	유劉	ユ	채蔡	チェ	주周	チュ	장蔣	チャン
오吳	オ	노盧	ノ	천千	チョン	길吉	キル	무牟	ム
서徐	ソ	하河	ハ	방方	パン	마馬	マ	국鞠	クク
권權	クォン	유兪	ユ	양楊	ヤン	연延	ヨン	어魚	オ
황黃	ファン	정丁	チョン	공孔	コン	표表	ピョ	여余	ヨ
송宋	ソン	성成	ソン	현玄	ヒョン	위魏	ウィ	은殷	ウン
안安	アン	곽郭	クワク	강康	カン	명明	ミョン	편片	ピョン
유柳	ユ	차車	チャ	함咸	ハム	기奇	キ	용竜	ヨン
홍洪	ホン	구具	ク	변卞	ピョン	방房	パン	예芮	エ

1. 동사활용

사전형		ます형 ~합니다	ない형 ~하지 않다
1 그 룹	書く　쓰다	書きます	書かない
	行く　가다	行きます	行かない
	泳ぐ　헤엄치다	泳ぎます	泳がない
	遊ぶ　놀다	遊びます	遊ばない
	読む　읽다	読みます	読まない
	死ぬ　죽다	死にます	死なない
	持つ　쥐다	持ちます	持たない
	買う　사다	買います	買わない
	乗る　타다	乗ります	乗らない
	探す　찾다	探します	探さない
2 그 룹	見る　보다	見ます	見ない
	食べる　먹다	食べます	食べない
3 그 룹	来る　오다	来ます	来ない
	する　하다	します	しない
	案内する　안내하다	案内します	案内しない

て형 ~하고, ~해서	た형 ~했다	가능형 ~할 수 있다
書いて	書いた	書ける
行って	行った	行ける
泳いで	泳いだ	泳げる
遊んで	遊んだ	遊べる
読んで	読んだ	読める
死んで	死んだ	死ねる
持って	持った	持てる
買って	買った	買える
乗って	乗った	乗れる
探して	探した	探せる
見て	見た	見られる
食べて	食べた	食べられる
来て	来た	来られる
して	した	できる
案内して	案内した	案内できる

사전형		의지형 ~하자, ~해야지	조건형 ~하면
1 그룹	書く 쓰다	書こう	書けば
	行く 가다	行こう	行けば
	泳ぐ 헤엄치다	泳ごう	泳げば
	遊ぶ 놀다	遊ぼう	遊べば
	読む 읽다	読もう	読めば
	死ぬ 죽다	死のう	死ねば
	持つ 쥐다	持とう	持てば
	買う 사다	買おう	買えば
	乗る 타다	乗ろう	乗れば
	探す 찾다	探そう	探せば
2 그룹	見る 보다	見るう	見れば
	食べる 먹다	食べよう	食べれば
3 그룹	来る 오다	来よう	来れば
	する 하다	しよう	すれば
	案内する 안내하다	案内しよう	案内すれば

수동형	사역형	사역수동형
書かれる	書かせる	書かせられる(=書かされる)
行かれる	行かせる	行かせられる(=行かされる)
泳がれる	泳がせる	泳がせられる(=泳がされる)
遊ばれる	遊ばせる	遊ばせられる(=遊ばされる)
読まれる	読ませる	読ませられる(=読まされる)
死なれる	死なせる	死なせられる(=死なされる)
持たれる	持たせる	持たせられる(=持たされる)
買われる	買わせる	買わせられる(=買わされる)
乗られる	乗らせる	乗らせられる(=乗らされる)
探される	探させる	探させられる
見られる	見させる	見させられる
食べられる	食べさせる	食べさせられる
来られる	来させる	来させられる
される	させる	させられる
案内される	案内させる	案内させられる

2. 명사, い형용사, な형용사의 활용

	사전형	명사 수식형	연결형 (~하고, ~해서)	현재 정중체		과거 정중체	
				긍정	부정	긍정	부정
い형용사	大_{おお}きい (크다)	大_{おお}きい	大_{おお}きくて	大_{おお}きいです	大_{おお}きく ないです	大_{おお}きかった です	大_{おお}きく なかったです
	よい いい (좋다)	よい いい	よくて	よいです いいです	よく ないです	よかった です	よく なかったです
な형용사	きれいだ (예쁘다)	きれいな	きれいで	きれいです	きれいでは ありません	きれい でした	きれいでは ありませんでした
	にぎやかだ (떠들석하다)	にぎやかな	にぎやかで	にぎやかです	にぎやかでは ありません	にぎやか でした	にぎやかでは ありませんでした
	便利_{べんり}だ (편리하다)	便利_{べんり}な	便利_{べんり}で	便利_{べんり}です	便利_{べんり}では ありません	便利_{べんり}でした	便利_{べんり}では ありませんでした
	スマートだ (스마트하다)	スマートな	スマートで	スマートです	スマートでは ありません	スマート でした	スマートでは ありませんでした

3. 지시대명사

기능		コ		ソ		ア		ド	
명사적 용법	사물	これ	이것	それ	그것	あれ	저것	どれ	어느 것
	장소	ここ	여기	そこ	거기	あそこ	저기	どこ	어디
	방향	こちら	이쪽	そちら	그쪽	あちら	저쪽	どちら	어느 쪽
명사 수식적 용법		この こんな	이 이런	その そんな	그 그런	あの あんな	저 저런	どの どんな	어느 어떤
부사적 용법		こう こんなに	이렇게 이렇게	そう そんなに	그렇게 그렇게	ああ あんなに	저렇게 저렇게	どう どんなに	어떻게 어떻게

4. 의문사

	의문사	
사람	だれ 누구　　　　どなた 어느 분　　どの N 어느 N　　どんな N 어떤 N	
사물	なに / なん 무슨　どれ 어떤 것　　どの N 어느 N　　どんな N 어떤 N	
시간	いつ 언제	
시간의 길이	どのくらい / どのぐらい 어느 정도	
장소	どこ 어디　　　　　　　　　　どの N 어느 N	
방향	どちら 어느 쪽	
이유	どうして 왜	
수단/방법	どうやって 어떻게　　　　なんで / なにで 무엇으로	
수량	いくつ 몇 개　　　　　　　いくら 얼마	

5. 때를 나타내는 말

	日_ひ 날	週_{しゅう} 주	月_{つき} 달	年_{とし} 해
과거	おととい 그저께	先々週 지지난 주	先々月 지지난 달	一昨年 지지난 해
	昨日 어제	先週 지난 주	先月 지난 달	去年 昨年 지난 해
현재	今日 오늘	今週 이번 주	今月 이 달	今年 올해·금년
미래	明日 내일	来週 다음 주	来月 다음 달	来年 다음 해
	あさって 모레	再来週 다다음 주	再来月 다다음 달	再来年 다다음 해
	しあさって 글피			
毎~	毎日 매일	毎週 매주	毎月 매월	毎年 매년
기타 표현	休みの日 쉬는 날	週の末 주말	初め 초	年の末 연말
	休日 휴일	週末 주말	初旬·上旬 초순	年末 연말
	公休日 공휴일		半ば·中旬 중순	
			終わり·下旬 하순	

6. 시간 · 날짜 · 기간

📁 시간 읽기

1時	いちじ	7時	**しちじ**
2時	にじ	8時	はちじ
3時	さんじ	9時	**くじ**
4時	**よじ**	10時	じゅうじ
5時	ごじ	11時	じゅういちじ
6時	ろくじ	12時	じゅうにじ

* 何時: 몇 시

5分	**ごふん**	10分	**じゅっぷん**
15分	じゅうごふん	20分	にじゅっぷん
25分	にじゅうごふん	30分	さんじゅっぷん
35分	さんじゅうごふん	40分	よんじゅっぷん
45分	よんじゅうごふん	50分	ごじゅっぷん
55分	ごじゅうごふん	60分	ろくじゅっぷん

*何分: 몇 분

📁 날짜읽기

■ 월(月)

1月	いちがつ	5月	ごがつ	9月	**くがつ**
2月	にがつ	6月	ろくがつ	10月	じゅうがつ
3月	さんがつ	7月	**しちがつ**	11月	じゅういちがつ
4月	**しがつ**	8月	はちがつ	12月	じゅうにがつ

* 何月: 몇 월

■ 일(日)・요일(曜日)

月曜日 げつようび	火曜日 かようび	水曜日 すいようび	木曜日 もくようび	金曜日 きんようび	土曜日 どようび	日曜日 にちようび
1日 ついたち	2日 ふつか	3日 みっか	4日 よっか	5日 いつか	6日 むいか	7日 なのか
8日 ようか	9日 ここのか	10日 とおか	11日 じゅう いちにち	12日	13日	14日 じゅう よっか
15日	16日	17日 じゅう しちにち	18日	19日 じゅう くにち	20日 はつか	21日
22日	23日	24日 にじゅう よっか	25日	26日	27日 にじゅう しちにち	28日
29日 にじゅう くにち	30日	31日				

* 何日: 며칠

* 何曜日: 무슨 요일

📂 **일본의 연호**

明治元年 (1年)	메이지 원년	1868年
大正元年 (1年)	다이쇼 원년	1912年
昭和元年 (1年)	쇼와 원년	1926年
平成元年 (1年)	헤이세이 원년	1989年
平成30年	헤이세이 30년	2018年

7. 조수사

		和数詞	人사람	台대	階층	本자루
		우리말의 하나, 둘, 셋… 등에 해당하는 말	사람	자동차, TV, 기계 등	건물 층수	술병, 넥타이, 필기도구 등 긴 것
1	いち	ひとつ	ひとり	いちだい	**いっかい**	**いっぽん**
2	に	ふたつ	ふたり	にだい	にかい	にほん
3	さん	みっつ	さんにん	さんだい	さんがい	**さんぼん**
4	し・よ・よん	よっつ	よにん	よんだい	よんかい	よんほん
5	ご	いつつ	ごにん	ごだい	ごかい	ごほん
6	ろく	むっつ	ろくにん	ろくだい	**ろっかい**	**ろっぽん**
7	しち・なな	ななつ	ななにん しちにん	ななだい しちだい	ななかい	ななほん しちほん
8	はち	やっつ	はちにん	はちだい	**はっかい** **はちかい**	**はっぽん** **はちほん**
9	きゅう	ここのつ	きゅうにん	きゅうだい	きゅうかい	きゅうほん
10	じゅう	とお	じゅうにん	じゅうだい	**じゅっかい** **じっかい**	**じゅっぽん**
?	何	いくつ	なんにん	なんだい	なんがい	なんぼん
				枚장, 名명, 番번, 倍배		杯장

8. 조사

조사	의미·용법	용례
か	의문	どれが あなたの カバンですか。 어느 것이 당신의 가방입니까.
	불확실	今日 誰かに 会いますか。 오늘 누군가 만났습니까.
	선택	買うか 買わないか 早く 決めなさい。 살 건지 안 살건지 빨리 결정하세요.
が	주격	今晩 雪が 降るでしょう。 오늘밤 눈이 내리겠지요.
	대상	私は りんごが 好きです。桃が 食べたい。 나는 사과를 좋아합니다. 복숭아가 먹고 싶다.
	대비	寿司は 好きだが、そばは 嫌いだ。 초밥은 좋아하지만, 메밀국수는 싫어한다.
	역접	走ったが、間に 合わなかった。 달려갔지만 제 시간에 가지 못했다.
	전제	もしもし、山口ですが、…… 여보세요, 야마구치입니다만……
から	기점	授業は 8時30分から 始まります。 수업은 8시 30분부터 시작됩니다.
	재료·원료	ビールは 麦から 作られます。 맥주는 보리로 만들어집니다.
	이유·원인	今日は 日曜日だから 学校は 行きません。 오늘은 일요일이니까 학교는 가지 않습니다.
	상대	お母さんから 小遣いを もらいました。 어머니께 용돈을 받았습니다.
くらい (ぐらい)	정도	家から 5分ぐらい かかります。 집에서 5분정도 걸립니다.
	최소한의 한정	私は あなたぐらい テニスが できます。 나는 당신정도로 테니스를 칠 수 있습니다.
ずつ	수량·정도	一人に 三つずつ 上げました。 한 사람에게 3개씩 주었습니다.
だけ	한정	行かない 理由は それだけでは ない。 안 가는 이유는 그것만이 아니다.
	정도	一万円だけ あれば いいです。 만 엔만 있으면 됩니다.

조사	의미·용법	용례
で	장소	昼ご飯は 学校の 食堂で 食べます。 점심은 학교 식당에서 먹습니다.
	수단·방법	電車で 学校へ 行きます。 전철로 학교에 갑니다.
	원인·이유	病気で 会社を 休みました。 아파서 회사를 쉬었습니다.
	재료	果物で ジュースを 作ります。 과일로 주스를 만듭니다.
	기준·범위	五つで 1000円です。 다섯 개에 1,000엔입니다.
と	동작의 상대	母と 一緒に 映画を 見に 行きます。 엄마와 함께 영화를 보러 갑니다.
	병렬	鉛筆と 消ゴムを 準備しなさい。 연필과 지우개를 준비하세요.
	인용	「危ない」と 叫びました。 "위험하다"고 소리쳤습니다.
	결과	弟は 医師と なりました。 동생은 의사가 되었습니다.
など	예시	部屋には 机や テレビや ベッドなどが あります。 방에는 책상이랑 TV랑 침대 등이 있습니다.
	강조	お金など 受け取る わけには いきません。 돈을 받을 수는 없습니다.
に	장소	猫は 庭に います。 고양이는 마당에 있습니다.
	시간	授業は 午後 3時に 終わります。 수업은 오후 3시에 끝납니다.
	대상	身の上の 事を 先生に 相談します。 신상에 관한 일을 선생님께 상담합니다.
	동작의 목적	ビデオを 借りに 行きます。 비디오를 빌리러 갑니다.
	귀착점	午後 2時に 京都に 着きます。 오후 2시에 교토에 도착합니다.
	기준	一週間に 3回 授業が あります。 일주일에 3회 수업이 있습니다.
ので	이유·원인	雪が 降ったので、外は 真っ白だ。 눈이 내렸기 때문에, 바깥은 새하얗다.

조사	의미·용법	용 례
は	주제	これ**は** 赤い セーターです. 이것은 빨간 스웨터입니다.
	대비	日本語**は** 上手だが、英語**は** 下手です. 일본어는 잘하지만, 영어는 서툽니다.
	강조	学校は あまり 広く**は** ありません. 학교는 그다지 넓지 않습니다.
へ	방향	銀行**へ** 行きます. 은행에 갑니다.
	귀착점	午後 5時に 家**へ** 行きます. 오후 5시에 집에 갑니다.
ほど	비교의 기준	ひどい 頭痛で 医者へ 行く**ほど**だった. 심한 두통으로 의사에게 갈 정도였다.
	비유의 정도	ヨガの 修行僧は 死ぬ**ほど** 苦しい 修行をする. 요가 수행승은 죽을 정도로 괴로운 수행을 한다.
まで	범위·한도	学校**から** 家**まで** 30分ぐらい かかります. 학교에서 집까지 30분 정도 걸립니다.
	극단적인 예	このごろは 大人**まで** 漫画を 好む. 요즘은 어른까지도 만화를 좋아한다.
	첨가	雨が 降って いる 上に 風**まで** 吹いている. 비가 오고 있는데다가 바람까지 불고 있다.
も	동류	母**も** 先生です. 엄마도 선생님입니다.
	강조	一時間**も** 待ちました. 한 시간이나 기다렸습니다.
	첨가	果物**も** 野菜**も** 売って います. 과일도 야채도 팔고 있습니다.
や	병렬	テーブルの 上に 本**や** ノート**など**が あります. 테이블 위에는 책이랑 노트 등이 있습니다.
よ	감동	あんたが 好きです**よ**. 당신이 좋아요.
	권유	そろそろ 帰りましょう**よ**. 이제 슬슬 돌아갈까요?
	가벼운 주장·강조	忘れては いけません**よ**. 잊어서는 안 돼요.

より	비교의 기준	スポーツ**より** 映画が 好きです。 스포츠보다 영화를 더 좋아합니다.	
	기점	会議は 10時**より**です。 회의는 10시부터입니다.	
	한정	電車で 行く**より** 方法が ない。 전철로 갈 수밖에 방법이 없다.	
を	대상	友だちが 人形**を** くれました。 친구가 인형을 주었습니다.	
	경과의 장소	道路**を** 走って います。 도로를 달리고 있습니다.	
	기점	毎朝 8時に 家**を** 出ます。 매일 아침 8시에 집을 나갑니다.	
	방향	こちら**を** ご覧なさい。 이쪽을 보세요.	
	경로	橋**を** 渡ります。 다리를 건넙니다.	

新 スラスラ 일본어 작문 2

모범
답안

01 レポートは 明日 出しても いいです

1. ❶ ここで 写真を とっても いいです。　　❷ 少し 遅れても いいです。
　❸ 先に 帰っても いいです。

2. ❶ 明日は 学校に 来なくても いいです。　　❷ 住所は 書かなくても いいです。
　❸ 料理は 得意で なくても いいです。

3. ❶ 授業中に スマホを 使っては いけません。　　❷ 芝生に 入っては いけません。
　❸ 教室に ゴミを 捨てては いけません。

4. ❶ 今日 までに レポートを 出さなければ なりません。
　❷ パスポートを 見せなければ なりません。　　❸ 店員は 親切で なければ なりません。

5. ❶ 使う→使っ　　　　　　❷ 遊ぶ→遊ん
　❸ 書く→書か　　　　　　❹ 飲む→飲ま　　　　　　❺ 行く→行か

6. ❶ あの人に 会っても いいですか。
　❷ 地図は メールで 送っても いいです。
　❸ 親は 子どもの ためなら、自分は 死んでも いいと 思う。
　❹ 市内の 道路で 速度は 60キロを 超えては いけません。
　❺ お腹が いっぱいなら、食べなくても いいです。
　❻ 五時には 出発しなければ なりません(いけません)。
　❼ 電話を しながら 運転しては いけません。
　❽ 食欲が なくても 食事は ちゃんと とらなければ なりません(いけません)。

02 教室の 窓は 開いて います

1. ❶ この 自転車は 壊れて います。　　❷ クーラーが ついて います。
　❸ 服に キムチの 汁が ついて います。

2. ❶ 先生は レポートを 読んで います。　　❷ 昨日から 雪が 降って います。
　❸ 古田さんは 毎朝 ジョギングを して います。

3. ❶ 電信柱に チラシが 貼って あります。　　❷ 引き出しの 中が 片付けて あります。
　❸ 冷蔵庫に ビールが 入れて あります。

4. ❶ 開いて ありました→開いて いました / 開けて ありました

　❷ 咲いて あります→咲いて います

　❸ つけて います→つけて あります / ついて います

　❹ を→が　　　　　　　　　　❺ へ→を

5. ❶ 子どもたちが 運動場で バスケットボールを して います。
　❷ 典型的な 駅弁は、いろいろな おかずが 入って いる 「幕の内弁当」です。
　❸ 貯金箱の 中に お金が いっぱい 入って います。
　❹ 小川さんは 茶色の シャツを 着て います。
　❺ A: 大江さんは 何を して いますか。　　B: 壁に ポスターを 貼って います。
　❻ 黒い スーツを 着て いる 方が この 事件の 担当弁護士です。
　❼ 横断歩道の 前に 車が 止まって います。
　❽ 研究室の ドアに 「立ち入り禁止」と 書いて あります。

03 モノレールに 乗った ことが ありますか

1. ❶ お好み焼きを 食べた ことが あります。　　❷ 芸能人に 会った ことが あります。
　❸ 友だちを 3時間も 待った ことが あります。

2. ❶ 週末は 休んだ ほうが いいです。　　❷ 早く 医者に 行った ほうが いいです。
　❸ すぐに 先生に 相談した ほうが いいです。

3. ❶ 寝る 前は 何も 食べない ほうが いいです。
　❷ 雨の 日は 外で 遊ばない ほうが いいです。
　❸ その カフェには 子どもを 連れて いかない ほうが いいです。

4. ❶ 宝くじに 当たったら、世界一周 したいです。　❷ 暑かったら、窓を 開けて ください。
　❸ 駅に 着いたら、電話して ください。

5. ❶ あなたなら、きっと できます。
　❷ ケーキなら、駅の 前の ケーキ屋が 一番 おいしいです。
　❸ あなたが 行く なら、私も 一緒に 行きます。

6. ❶ いやな 事は 早く 忘れた ほうが いいよ。
　❷ サルサダンスを 習った ことが あります。

❸ いい加減な ことは 言わない ほうが いいです。

❹ 宝塚ミュージカルを 見た ことが ありますか。

❺ 子どもには スマホを 持たせない ほうが いいですよ。

❻ 日本人と チャットした ことが ありますか。

❼ ペットを 飼うなら、犬が いいです。

❽ 簡単に 食べるなら、ハンバーガーが いいです。

04 秋に なると 落ち葉が 散ります

1.

		と	ば	たら	なら
(1)명사	元気	元気だと	元気ならば	元気だったら	元気なら
	病気	病気だと	病気ならば	病気だったら	病気なら
	休み	休みだと	休みなら	休みだったら	休みなら
(2)な형용사	上手だ	上手だと	上手ならば	上手だったら	上手なら
	静かだ	静かだと	静かならば	静かだったら	静かなら
	便利だ	便利だと	便利ならば	便利だったら	便利なら
(3)い형용사	高い	高いと	高ければ	高かったら	高いなら
	楽しい	楽しいと	楽しければ	楽しかったら	楽しいなら
	いい	いいと	よければ	よかったら	いいなら
(4)동사	泳ぐ	泳ぐと	泳げば	泳いだら	泳ぐなら
	行く	行くと	行けば	行ったら	行くなら
	飲む	飲むと	飲めば	飲んだら	飲むなら
	食べる	食べると	食べれば	食べたら	食べるなら
	する	すると	すれば	したら	するなら
	来る	来ると	来れば	来たら	来るなら

2. ❶ お盆に なると 帰省ラッシュが 始まります。　❷ ボタンを 押すと おつりが 出ます。

❸ 写真を クリックすると 大きく 見られます。

3. ❶ 甘いもの ばかり 食べれば 太ります。　❷ パスポートが なければ 外国に 行けません。

❸ タクシーに 乗れば 終電に 間に合います。

4. ❶ なったら　　❷ なると　　❸ 帰ったら　　❹ 押すと

❺ 見つけたら　　❻ 行ったら　　❼ 飲んだら　　❽ 見るなら

5. ❶ 男の子は 思春期に なると 声が 変わります。

❷ 眼鏡を かけないと 新聞が 読めません。

❸ もし、少し 大きい サイズが あれば(＝あったら) 買ったのに。

❹ 毎年 雪が 降れば(＝降ると) 雪合戦を したり 雪だるまを 作ったり します。

❺ 学生証を 見せて くれないと(＝くれなければ) 図書館には 入れませんよ。

❻ たばこさえ やめれば せきは 自然に 治ります。

❼ よろしかったら(＝よろしければ) ここで 少々 お待ちください。

❽ 空を 見上げると(＝見上げたら) UFOが 飛んで いました。

05 車の 運転を 習おうと 思います

1. ❶ 体に 悪いので(＝から) たばこを 止めようと 思います。

❷ 約束が あるので(＝から) 今 出かけようと 思います。

❸ ぬいぐるみを 買おうと 思います。

2. ❶ もう 一度 試験を 受ける ことに しました。

❷ クリスマスに 日帰りドライブを する ことに しました。

❸ パーティーに 永井さんと 泉さんの ご主人を 招く ことに しました。

3. ❶ 修学旅行は 2学期に 行く ことに なりました。

❷ 今年の 運動会は 行わない ことに なりました。

❸ 2020年 夏季 オリンピックは 東京で 開かれる ことに なりました。

4. ❶ 入る→入ろう　　　❷ 行く→行こう　　　❸ 行った→行く

❹ する→しよう　　　❺ なりました→しました

5. ❶ 今度の 冬休みには 語学研修に 行く つもりです。

❷ 足りない お金は 銀行から 借りようと 思います。

❸ この 計画は 十分な 検討が 必要だろうと 思います。

❹ ゴミは 毎週の 水曜日に 階段の 下に 出す ことに なって います。

❺ 大きい 荷物は 預ける ことに なって います。

❻ 就職した 後で 結婚しようと 思います。

❼ 来月 大阪に 引っ越す ことに なりました。

❽ 母から キムチを 作る 方法を 習おうと 思います。

06 父から 小遣いを もらいました

1. ❶ 新井さんは 友だちに 日本の 人形を あげました。
   ❷ ママは 赤ん坊に 子守唄を 歌って あげました。
   ❸ 三浦さんは おばあさんの 荷物を 持って あげました。

2. ❶ 木村さんは 私に オルゴールを くれました。
   ❷ 野村さんは 父に 日本料理を 作って くれました。
   ❸ 松田さんは 弟に インラインスケートを 買って くれました。

3. ❶ 友だちは マイケルさんに ネックレスを もらいました。
   ❷ 私は 清水さんに 作文を 直して もらいました。
   ❸ 先生に いい 本を 紹介して もらいました。

4. ❶ あげました→くれました　　　　　　❷ 貸して あげた→貸して くれた
   ❸ くれました→あげました　　　　　　❹ 買って あげました→買って くれました
   ❺ を→に、案内して もらいました→案内して あげました

5. ❶ 母は いつも 私たちの ために おいしい 料理を 作って くれます。
   ❷ 妹の 自転車を 直して あげました。
   ❸ 誕生日の プレゼントで 友だちに 熊の 縫いぐるみを 買って あげました。
   ❹ えりさんは 田中さんを 家まで 送って あげました。
   ❺ 彼は 百本の バラを くれながら プロポーズを しました。
   ❻ 先生に 詩集を もらいました(＝いただきました)。
   ❼ バレンタインデーに 義理チョコを たくさん もらいました。
   ❽ 牧野さんは 泣いて いる 子どもに おもちゃを あげました。

07 たぶん、3才ぐらい だろうと 思います

1. ❶ 明日は 雨が 降るでしょう。　　　❷ 熱さえ 下がれば、後は もう 大丈夫でしょう。
   ❸ 彼は 自分の 意見を 曲げないでしょう。

2. ❶ 今晩 とても 寒いので、明日は 雪が 降るかもしれない。
   ❷ あの人が この 会社の 社長かもしれない。
   ❸ 来週、展示会が あるので 忙しく なるかもしれない。

3. ❶ メモの とおり 行けば 駅に 着くに ちがいない。

❷ 山田さんは 出張に 行って いるので、明日の 会議には 来ないに ちがいない。

❸ ラッシュ時は 車より 電車の ほうが 速いに ちがいない。

4. ❶ はずです　　　　❷ でしょうか、たぶん　　　　❸ だろう　　　❹ かも

5. ❶ たぶん 彼も あなたを 愛して いるでしょう。

❷ すぐ 戻ってくるかも 知れないから、もう 少し 待って みよう。

❸ 今年の 夏は すごく 暑いでしょう。

❹ 今日は 日曜日ですから 道が 空いて いるだろうと 思います。

❺ そう 言ったかも しれないが、よく 覚えて いない。

❻ 国の 友だちは 皆 健康だろう。

❼ 吉田さんは きっと 来るでしょう。

❽ 先輩は 最近 暇な はずですが、なかなか 会えません。

08 おいしそうな 匂が しますね

1. ❶ 日本語の 勉強は おもしろそうです。　　　　❷ あの パソコンは 高そうです。

❸ 今日は 暇ではなさそうです。

2. ❶ えりさんは 今年の 秋 結婚する そうです。

❷ お父さんは 来週 フランスへ 行く そうです。

❸ 昨日の 試験は あまり 難しく なかった そうです。

3. ❶ 降りそうだ→降る そうだ　　　　❷ 泣くそうな→泣きそうな

❸ なりたがりそうです→なりたがった そうです　❹ なれそうです→なれた そうです

❺ 高くなさそうです→高く ない そうです

4. ❶ 林君は とても 元気そうですね。

❷ 田中さんは とても つりが 大好きだ そうです。

❸ ユンさんは 区役所に 勤めて いる そうです。

❹ この キムチは 真っ赤で とても 辛そうです。

❺ この 道は 凸凹で 歩きにくそうです。

❻ 高くて 私の 小遣いでは とうてい 買えなさそうです。(＝買えそうに ありません)

❼ あの子は もっと 食べたそうな 顔を して いる。

❽ 人の 事には 全然 関心が なさそうです。

09 道路は 洪水で まるで 川の ようです

1. ❶ あの 子は まるで 天使の ように 笑って いますね。
   ❷ あの 新入社員は まじめな ようですね。 ❸ すみませんが、勘定が 間違って いる ようです。

2. ❶ あの 店は カレーが 有名 らしいです。 ❷ 今年は 梅雨明けが 遅かった らしいです。
   ❸ 昨日 近所で 強盗事件が あった らしいです。

3. ❶ 明日 早く 起きられる ように 早く 寝ます。
   ❷ 先生の 声が よく 聞こえる ように 前の 席に 座ります。
   ❸ 外国人も わかる ように やさしい ことばで 話して ください。

4. ❶ ように   ❷ ような   ❸ らしい   ❹ ような   ❺ ようです

5. ❶ すやすや 寝て いる 赤ちゃんは まるで 天使の ようだ。
   ❷ 弟は まだ 子どもの ように 不器用に 箸を 持って いる。
   ❸ 鳥の 声が 聞こえる ように 窓を 開けました。
   ❹ 道に 迷わない ように 地図を 持って きました。
   ❺ 誰かが 来た らしく、ドアが 開いて いました。
   ❻ もう 10時です。パクさんは 授業に 出ない ようです。
   ❼ 彼は もう 寝た らしく 明かりが 消えて いました。
   ❽ チョンさんは 日本語が わからない らしいです(=ようです)。

10 電車の 中で 足を 踏まれました

1. ❶ 私は 友だちに 映画に 誘われました。 ❷ 私は 先生に ほめられました。
   ❸ 私は 同僚に 書類作成を 頼まれました。

2. ❶ ゆうべ 友だちに 来られて、宿題が できませんでした。
   ❷ 子どもに 泣かれて 困りました。
   ❸ 昨日 隣の 人に 夜遅くまで さわがれて 眠れませんでした。

3. ❶ 部長、昼ごはんは どこで 食べられましたか。
   ❷ お父さんは 何と 言われましたか。 ❸ スミス先生は 明日 アメリカに 帰られます。

4. ❶ 来られて   ❷ 命じられた   ❸ 降られて
   ❹ 歌われて   ❺ 盗まれました

5. ❶ 電車の 中で 足を 踏まれました。

❷ 先生が 読まれる 文章を 書き取ります。

❸ 社長は よく 釣に 行かれます。

❹ ゆうべ 急に 友だちに 来られて、一睡も できなかった。

❺ ワインは ぶどうから 作られます。

❻ 中学校の 時 父に 死なれて 学校を 辞めなければ なりませんでした。

❼ 「文化の日」を 前後して 大学や 高校では 文化祭が 開かれます。

❽ 「オルドボイ」を 通じて、韓国映画が 世界中の 人々に 知られる ように なった。

11 母は 妹に 部屋の 掃除を させます

1. ❶ 飲み会で 先輩に お酒を 飲ませた。　　❷ 酒井さんに 書類を 検討させた。
   ❸ 娘に ピアノを 習わせた。

2. ❶ 奨学金を もらって 両親を 喜ばせた。　　❷ うそを ついて 先生を 怒らせた。
   ❸ けがを して 家族を 心配させた。

3. ❶ 忘年会で 後輩は 先輩に 歌わされました。　❷ 子どもは 母に 寝させられます。
   ❸ 姉は 両親に お見合いを させられました。

4. ❶ を→に　　　　　　　　　　　　　　❷ つけせます→つけさせます
   ❸ 行きました→行かせました　　　　　❹ 洗わせました→洗わされました
   ❺ 練習させます→練習させられます

5. ❶ 花を あげて 彼女を 喜ばせました。
   ❷ 隣の 家の 窓ガラスを 割って、隣の おじさんを 怒らせました。
   ❸ 私は 犬に 公園を 走らせました。
   ❹ 子供の 頃は 親を 喜ばせる ために 勉強した ような 気が した。
   ❺ 勉強を いやがる 時は 思う存分 遊ばせて ください。
   ❻ 先生は 学生に 何回も 繰り返して モデル文を 読ませます。
   ❼ 私は 本当に 玉ねぎが いやなのに 母に 食べさせられました。
   ❽ 買い物に 行く とき、妻に 運転させられます。

12 これは 先生が お書きに なった 本です

1. ❶ 日本語の 勉強は お続けに なる つもりですか。

❷ 社長は もう お帰りに なりました。

❸ この 資料は 山田先生が お作りに なりました。

2. ❶ かばんは 私が お持ちします。　　　❷ 私が 傘を お貸しします。

❸ 私が タクシーを お呼びします。

3. ❶ 社長は 今 会議室に いらっしゃいます。　　❷ この 写真を ご覧に なりましたか。

❸ この 本は 高橋先生から いただきました。

4. ❶ お交換いたします→ご交換 いたします　　　❷ お買いしますか→お買いに なりますか

❸ お帰りしますか→お帰りに なりますか (＝お帰りですか)

❹ お読みますか→お読みに なって いますか (＝お読みですか)

❺ お呼びに なりましょうか→お呼びしましょうか (＝お呼びいたしましょうか)

5. ❶ 部長は 先月 会社を お辞めに なった そうです。

❷ 朝 何時に 起きられますか。

❸ 私の 結婚式に 小林先生を ご招待しました。

❹ この ペンを お使いに なって ください。

❺ 社長室に 電話を お繋ぎします(いたします)。

❻ 土曜日の 3時までに お届けします(いたします)。

❼ 長野先生は 今週の 土曜日に 写真展を お開きに なる そうです。

❽ 必要でしたら 私が お貸しします(いたします)。

저자 손정숙

상명대학교 일어일문학과 졸업
상명대학교 대학원 일어일문학과 졸업(문학석사)
중앙대학교 대학원 일어일문학과 졸업(문학박사)
현재 서일대학교 비즈니스 일본어과 교수
일본어학(일본어사・어휘론) 전공
저서:『나홀로 일본어 작문』제이앤씨
　　　『スラスラ 일본어 작문』제이앤씨
　　　『新スラスラ 일본어작문』1 제이앤씨

이현진

상명대학교 일어일문학과 졸업
일본 쓰쿠바대학대학원(筑波大学大学院)
인간종합과학연구과 졸업(교육학석사・박사)
일본어교육학 전공
저서:『일본어뱅크 New 스타일 일본어』1・2 동양북스
　　　『新スラスラ 일본어작문』1 제이앤씨

新 スラスラ 일본어 작문 2

초판인쇄   2018년 08월 21일
초판발행   2018년 08월 30일

저　　자   손정숙・이현진
발 행 인   윤석현
발 행 처   제이앤씨
책임편집   이신
등록번호   제7-220호
우편주소   서울시 도봉구 우이천로 353 성주빌딩 3층
대표전화   02) 992 / 3253
전　　송   02) 991 / 1285
홈페이지   http://www.jncbms.co.kr
전자우편   jncbook@daum.net

ISBN 979-11-5917-025-6 13730   정가 12,000원